Türen zur Fantasie

Marion Gay

Türen zur Fantasie

Kreatives Schreiben im Unterricht mit 100 Schreibspielen

Autorenhaus

Bitte besuchen Sie www.autorenhaus.de

Die Deutsche Bibliothek verzeichnet diese Publikation
im Internet unter http://www.dnb.de.

Buchdesign: Sigrun Bönold
Foto: Istock

Fünfte Auflage

ISBN 978-3-86671-098-6

Umwelthinweis: Dieses Buch wurde auf chlor- und säurefreiem Papier gedruckt.
Druck und Bindung: CPI, Leck
Printed in Germany

Inhalt

Vorwort

Es ist Zeit, sich freizustrampeln und zu den einfachen Wörtern zurückzukommen. Vielleicht müssen wir etwas graben, um unsere eigene Stimme zu finden, die sich unter dem Berg erhabener Wörter und Floskeln versteckt. Kreatives Schreiben müsste eigentlich »Natürliches Schreiben« heißen, es wäre wünschenswert, wenn wir in unseren eigenen Worten schreiben dürften, in unserem eigenen Rhythmus, eben wie es unserer Natur entspricht. Das heißt nicht, dass wir unsere Wortreservoirs nicht auffüllen dürfen, nein, das kreative Schreiben ist immer auch ein Plädoyer für einen großen Wortschatz. Die Welt ist voll von magischen Wörtern, wir sollten sie sammeln und gut auf sie achtgeben.

Nach einer Lesung mit Schülern vertraut mir ein Lehrer an: »Um ehrlich zu sein, Schule ist nicht immer dazu geeignet, Schülern Spaß am Schreiben zu vermitteln. Wir erwarten von ihnen, in einer Sprache zu schreiben, die nicht ihre eigene ist.« Da ist was dran, denke ich. Hab ich nicht auch meine Schulaufsätze mit Fremdwörtern gespickt und die Sätze verschachtelt, um den Lehrer zu beeindrucken und an gute Noten zu kommen?

Je komplizierter unsere Sätze, je gestelzter die Sprache, umso mehr Klugheit wird uns bescheinigt. Wir plagen uns ab, ringen mit den Wörtern und wundern uns, dass das Geschriebene nicht lebendig klingt. Und beim Vorlesen unserer Texte verhaspeln wir uns, weil uns das eigene Schreiben fremd ist. Dabei ist Sprache etwas Wunderbares, nicht umsonst sprechen wir von »Wortschatz«, einem Schatz aus funkelnden Zauberwörtern, Wörter, in denen Kobolde stecken, wie der englische Dichter Ted Hughes (1930 – 1998) sagt:

> »Wörter, die leben, sind solche, die wir hören, wie ›Knicken‹ und ›Kichern‹, oder solche, die wir sehen, wie ›sommersprossig‹

und ›geädert‹, oder solche, die wir schmecken, wie ›Essig‹ und ›Zucker‹, oder fühlen, wie ›stachlig‹ und ›fettig‹, oder solche, die wir riechen, wie ›Teer‹ und ›Zwiebel‹: Wörter, die unmittelbar zu den fünf Sinnen sprechen. Oder Wörter, die handeln und ihre Muskeln zu benutzen scheinen wie ›zucken‹ und ›schwanken‹ …« (Aus Ted Hughes: *Wie Dichtung entsteht*, *Essays*, Insel Verlag, Frankfurt/ Main 2001)

Wäre es nicht schön, wenn wir lebendige Wörter benutzen würden, wenn wir klar schreiben dürften statt mit verstellter Stimme? Plötzlich wäre das Schreiben ganz natürlich. Wir bräuchten keine Angst mehr vor dem leeren Blatt zu haben. Wir könnten darauf vertrauen, dass ein Wort zum nächsten führt und das Geschriebene vor unseren Augen atmet und lebt und sein darf, wie es ist.

Ich erlebe immer wieder, dass Schüler gern schreiben, wenn sie über Dinge schreiben dürfen, die sie interessieren. Natürlich gibt es Lehrpläne, Texte müssen analysiert und interpretiert werden und nicht alles kann für jeden Schüler interessant sein. Gerade deshalb wäre es wünschenswert, wenn wir das Kreative Schreiben als festen Bestandteil in den Unterricht integrieren könnten. Wenn Kinder und Jugendliche die Möglichkeit bekämen, Schreiben als etwas Angenehmes und Befreiendes zu erleben, als etwas, das Spaß macht.

Kreatives Schreiben sollte so früh wie möglich einsetzen. Spätestens mit der Einschulung, am besten schon im Kindergarten könnten wir mit Sprachspielen beginnen, mit Reimen und Alliterationen und dem Erfinden von Geschichten. Jüngere Kinder schöpfen noch aus den Quellen des Unbewussten, sie haben keine klare Trennlinie zwischen Fantasie und Realität. Alles scheint möglich, und oft verblüffen sie uns mit gewagten Sprachkreationen und kuriosen Einfällen. Trotzdem sind sie deswegen noch keine Dichter. Es zeigt viel mehr, dass die Freude an der Sprache ursprünglich in uns ist. Wie die Kreativität gehört sie zu uns und möchte gepflegt werden, um zu wachsen und Blüten zu treiben.

Mit Eintritt in die Pubertät nimmt meist die sprachliche Originalität ab. Wir gehen auf die Suche nach uns selbst, wer sind wir? wozu gehören wir?, und landen bei der verknappten Gruppensprache, die aus Floskeln und Modewörtern besteht und »cool« sein will. Dabei wäre eine individuelle Sprache viel cooler. »Kurzgeschichten sind nichts für emotionale Feiglinge«, schreibt Jack M. Bickham in seinem Buch *Die amerikanische Kunst, Geschichten zu erzählen*, und tatsächlich erfordert Schreiben Mut. Wenn wir uns nicht mehr hinter Phrasen verstecken, wenn wir die Redewendungen beiseite lassen, räumen wir mit den Umständlichkeiten auf und machen Platz für Klarheit. Das Ergebnis sind lesbare Texte, eindringliche Texte, Texte, die eine Seele haben.

Ziel des Kreativen Schreibens in der Schule sollte sein, die individuelle Ausdrucksfähigkeit ins Licht zu rücken. Nicht, damit alle Schriftsteller werden, sondern damit Schreiben Spaß macht. Was wäre, wenn Schüler beim Wort »Schreiben« nicht mehr genervt aufstöhnten? Wenn wir Briefe so schrieben, dass jeder verstünde, was wir meinen?

> Aber Kreatives Schreiben in der Schule ist mehr als nur Anregung zum Schreiben. Es schult die Wahrnehmung, es macht aufmerksam, es schärft unsere Sinne. Eine Muschel ist eine Muschel. Aber was für eine?

Der 19-jährige André hat in der Muschel mehr gesehen als nur eine Muschel. »Wie eine Spirale mit Zacken hat sie sich all' die Zeit in die Strömung gebohrt. Von außen fühlt sie sich glatt an, fast wie Eis, sodass das strömende Wasser geschmeidig an ihr vorbeiziehen kann. Die Wellen haben sich scheinbar mit der Zeit in sie hineingefressen. Daher hört man in ihr noch immer das Schreien des Meeres und kann selbst die Wellen an ihrer Öffnung erahnen. (…) Man kann spüren, wie die alte Muschel das Meer vermisst … «

Es ist dieselbe Muschel, die bei mir seit Jahren auf der Fensterbank liegt. Ich habe sie nie so gesehen. Dinge sind eben nicht nur Dinge, sie sprechen zu uns mit eigener Stimme und jeder nimmt sie anders wahr.

Warum aber ist Originalität beim Schreiben so wenig gefragt, wo es doch nichts Langweiligeres gibt als Sätze, die sich mit gestärktem Kragen in den Zeilen herumdrücken? Wie viele Ansprachen sind von geradezu tödlicher Langeweile, weil der Redner sein Publikum mit auf Hochglanz polierter Sprache beeindrucken will, anstatt sich darum zu kümmern, dass seine Ausführungen die Sinne ansprechen?

Einmal brachte Nina ihre amerikanische Austauschschülerin mit zum Schreibkurs. Ob sie denn auch Kreatives Schreiben in der Schule hätte, fragte ich. »Ja, natürlich«, sagte sie überrascht.

In Deutschland haben wir ein eigenartiges Verhältnis zum Schreiben. Hartnäckig hält sich die Meinung, dass Schriftsteller als solche geboren werden und folglich keine Ausbildung bräuchten. Kurse fürs Schreiben werden misstrauisch als eine Art Selbsthilfegruppe beäugt. Sport, Malen und Musik sind selbstverständlich im Schulunterricht, Kreatives Schreiben dagegen Fehlanzeige. Wo kämen wir denn auch hin, wenn so etwas Ernstes und Erhabenes wie die Literatur auch noch Spaß machen würde?

Dabei, wäre es nicht schön, wenn jeder Schüler während der Schulzeit Gelegenheit bekäme, das Schreiben als das erleben zu dürfen, was es ist? – Ein großes freies Feld, auf dem wir gelöst und ohne Zwang und Notendruck mit Wörtern und Sätzen spielen können.

Manchen Schülern fällt es schwer, über sich selbst zu schreiben. Manche fürchten, das Geschriebene vorlesen zu müssen und sich vor der Gruppe zu sehr zu entblößen und sich womöglich lächerlich zu machen. Dem können wir entgegenwirken, indem wir beim Stellen der Aufgabe betonen, dass das Vorlesen freiwillig ist. Und natürlich sind auch fiktive Texte zugelassen. Das sollte immer als Alternative zum autobiografischen Schreiben angeboten werden. Überhaupt sollten wir es uns verkneifen, über den Text in persönlicher Form zu sprechen. Kommentare wie: Oh, deine Oma ist krank, da bist du aber sicher traurig? oder: Ach, du warst letzten Sommer in Tunesien? sind fehl am Platz, wenn wir nicht beim therapeutischen Schreiben landen oder uns in Belanglosigkeiten verlieren wollen. Und schließlich wissen wir nie, wer hinter dem »ich« in einer Geschichte wirklich steckt.

In meinen Schreibwerkstätten haben sich folgende Regeln bewährt:

- Die Schreibaufgaben sind Angebote, *Thema verfehlt* gibt es nicht.
- Jeder darf vorlesen, aber niemand wird gezwungen.
- Während der Schreibzeit werden keine Gespräche geführt.
- Vertrauliche Mitteilungen bleiben in der Gruppe.
- Die Texte werden nicht analysiert und zerredet.
- Kritik immer nur sachlich.

Im Übrigen betrachte ich jedes Schreibspiel als Experiment. Es kommt vor, dass die Schüler etwas völlig anderes schreiben als erwartet. Meistens werde ich positiv überrascht. So hat sich z.B. in die Geschichte eines Zweitklässlers zum Thema »Ich als Vogel« ein mysteriöses Pfannkuchen-Rezept eingeschlichen, oder die Aufgabe, ein Gedicht im Stil von Gottfried Benns »Was schlimm ist« zu schreiben, verändert eine Schülerin, indem sie sich Gedanken macht zu »Was schön ist, wenn es schlimm war/ Was schlimm ist, wenn es schön war«.

So verstehe ich diese Sammlung von 100 Schreibspielen als Anregung und möchte jeden ermutigen, kreativ damit umzugehen. Schließlich kann alles zur Inspiration werden: literarische Texte, Fotografien, die Muschel vom letzten Urlaub, die Turnschuhe, der Regen …

Fangen wir einfach an zu schreiben.

Marion Gay

Übrigens: Sämtliche Geschichten und Gedichte entstanden spontan und sind ohne Überarbeitung wiedergegeben. Lediglich die Rechtschreibung wurde korrigiert.

1 / Pablo Nerudas Fragen

Aufgabe: Wohin gehen die geträumten Dinge?
Altersgruppe: ab 6 Jahre
Zeit: 20 Minuten

Fragen stellen kann man nie genug, und wenn es dann noch so poetische Fragen sind wie vom chilenischen Dichter und Literaturnobelpreisträger Pablo Neruda, umso besser.

Als Schreiblehrer wäre es gut, »Das Buch der Fragen« von Pablo Neruda im Regal zu haben (*Wohin gehen die geträumten Dinge?*, Fragen von Pablo Neruda zusammen mit Antworten chilenischer Kinder). Ansonsten reicht auch eine kleine Auswahl aus Nerudas Fragenkatalog wie etwa:
Was gibt es Traurigeres auf der Welt als ein Zug im Regen, der nicht fährt?
Wer singt vom Grund des Wassers des verlassenen Sees?
Wohin zieht sich der Schatten zurück?
Die Schüler sollten ca. 10 bis 15 Minuten schreiben.

Anmerkung:
Diese Übung funktioniert gut mit besonders jungen Schülern und dann wieder mit älteren. Dritt- bis Achtklässler haben oft Probleme, sich auf Nerudas Poesie einzulassen und neigen zu allzu nüchternen Antworten.

Beispieltexte:
Warum wollen die Blätter sterben, wenn sie sich gelb färben?
Weil die Menschen sie platt treten und ihnen das dann weh tut, dann sind sie ganz durchlöchert, und das würde uns ja auch nicht gefallen.
(Leander, 8 Jahre)

Wohin zieht sich der Schatten zurück?
Es gibt ein Reich der Schatten, wohin sich die Schatten zurückziehen. Sie können kein schlechtes Wetter vertragen, denn die Feuchtigkeit schadet ihnen. Die Schatten wohnen unterirdisch in einer Stadt, wo nur Felsen sind. Sie kommen nur bei Sonne oder Licht an die Oberfläche, um sich zu sonnen.
(Kilian, 11 Jahre)

2 / Apfel, Banane, Chili

Aufgabe: Abecedarien
Altersgruppe: ab 6 Jahre
Zeit: 30 Minuten

Auch wenn unsere Buchstaben nicht so hübsch sind wie asiatische Schriftzeichen, ist es doch praktisch, dass wir nur 26 Zeichen brauchen, um alles ausdrücken zu können. Besonders jüngere Schüler sind fasziniert vom Alphabet, vielleicht, weil sie die ungeheuren Möglichkeiten spüren, die hinter den einzelnen Zeichen verborgen liegen.

Jeder Schüler notiert auf einem Blatt untereinander die Buchstaben des ABCs. Es wird ein Thema bestimmt, zu dem Wörter mit den jeweils passenden Anfangsbuchstaben gesammelt werden. Das können Affe, Biber, Chamäleon, Dachs, …, Pflanzen oder Nahrungsmittel sein.

Anmerkung:
Diese Übung eignet sich vor allem für jüngere Schüler als Gruppenarbeit.

Zweite Anmerkung:
An manchen Tagen schwirren die Schimpfwörter nur so durch den Klassenraum. Möglicherweise sind einige Schüler in der Pause aneinandergeraten und tragen ihren Konflikt in den Unterricht. Hier bietet sich für den Schreiblehrer die Gelegenheit, ein Schimpfwörter-ABC vorzuschlagen. Meist sind die Schüler davon so begeistert, dass sie ihren Streit vergessen. (Allerdings dürfen wir als Schreiblehrer nicht zimperlich sein, selbst Grundschüler haben einen erstaunlichen Vorrat an mitunter heftigen Schimpfwörtern.)

Beispiel:
Das Grusel-ABC:
Angst, Blutwurst, C, Donner, Ende, Finster, Grusel, Heulen, Igitt, Jammern, Kürbis, Lebende Leichen, Monster, Nacht, Oh, Phantom, Quälgeist, Ratte, Skelett, Teufel, Untier, Vampir, Werwolf, X, Y, Zähne

(Gruppe Zweit- und Drittklässler)

3/Wen haben wir denn da?

Aufgabe: Beim Basteln Figuren erfinden
Altersgruppe: ab 6 Jahre
Zeit: 30 Minuten

Im Nachmittagsunterricht fällt es den jüngeren Schülern manchmal nicht leicht, stillzusitzen und zu schreiben. Sie möchten sich viel lieber bewegen, spielen, basteln, durch die Klassenräume laufen. »Kreatives Schreiben« klingt am Nachmittag manchmal ähnlich verlockend wie Hausaufgaben machen oder Texte aus dem Lesebuch abschreiben. Da ist es gut, wenn der Schreiblehrer Übungen parat hat, die sich erst mal gar nicht nach Schreiben anhören.

Die Schüler nehmen ein unliniertes A4-Blatt und zeichnen darauf einen ovalen Umriss. Darin malt jeder ein einfaches Gesicht, bestehend aus Augen, Nase und Mund. Mit Scheren schneidet nun jeder seinen gezeichneten Eierkopf entlang der Linien aus dem Papier. Hat jeder seinen Kopf vor sich liegen, wird der Ausschnitt der Länge nach einmal durchgerissen, danach noch einmal die beiden Hälften in der Mitte durchreißen. Haben wir vier Schnipsel vor uns, werden die einzelnen Papierfetzen auf vier verschiedene Haufen gelegt. Einen Stapel für rechte Augen, für linke, für rechte Mundhälften, für linke. Anschließend mischen wir die einzelnen Stapel, und jeder wählt wieder vier unterschiedliche Schnipsel aus, die er auf einem neuen Blatt Papier anordnet und aufklebt. Dann wird mit Farbstiften neu gestaltet: das Gesicht bekommt eine neue Nase, Ohren, eine Frisur, usw. Jetzt stellt eure Figur der Gruppe vor. Wie heißt sie, was macht sie? Schreibt ein paar Sätze dazu!

Erweiterung: Man kann die einzelnen Personen miteinander in Verbindung setzen. Wolli, der Schiffskoch, trifft Bennie, den Löwendompteur. Zusammen mit der Hexe Hexmichwech treten sie im Zirkus auf, machen eine Schiffsreise, gehen in die Schule, etc.

Beispieltext:
Das ist Wölfi. Er freut sich, weil er gleich in den Wald geht. Er ist Holzfäller und hat sich schon einen schönen Baum ausgeguckt.
(Lena, 8 Jahre)

4 / Ich als Tier

Aufgabe: Durch Bewegung zum Schreiben kommen
Altersgruppe: ab 6 Jahre
Zeit: 30 Minuten

Wenn am Nachmittag die Konzentration nachlässt, bieten sich kleine Bewegungsspiele an, um die Sinne wachzukitzeln. Vor allem Grundschulkinder finden über pantomimische Gesten oft leicht zu Geschichten.

Die Schüler bewegen sich durch den Raum und überlegen sich Tiere, die sie gestisch darzustellen versuchen. Ein Kind tritt jeweils vor die Gruppe und führt Bewegungen vor, während die anderen raten, um welches Tier es sich dabei handelt. Anschließend dürfen alle die Bewegungen nachmachen und beispielsweise als Löwe durch den Raum stolzieren oder mit ausgebreiteten Armen als Adler herumschweben. Das Spiel kann man so lange machen, bis sich die Schüler genügend ausgetobt haben, um wieder am Tisch stillsitzen zu können. Jetzt kann die Schreibübung folgen. Wie ist es, ein Tier zu sein? Lasst die Katze, den Elefanten, das Krokodil in seinen eigenen Worten erzählen, wie es die Welt erlebt!

Erweiterung: Anstelle von Tieren können die Schüler auch Berufe darstellen und anschließend darüber schreiben.

Beispieltext:
Ich bin eine Maus. Für mich ist es schwer, Essen zu holen. Meine Oma und mein Papa sind tot. Im Herbst wird mir kalt. Dann hole ich mir ein Haus.

(Leander, 7 Jahre)

5 / Bettgeschichten für Kleine

Aufgabe: Ein Bett ist ein Ort, an dem geschlafen wird. Oder?
Altersgruppe: ab 6 Jahre
Zeit: 30 Minuten

Für jüngere Kinder ist das Bett oft ein komplettes Spielzimmer. Wir finden darin ein ganzes Kuscheltierdorf, Buntstifte und Papierfetzen, Autos und Flugzeuge und Kasperlepuppen, Würfel und Bilderbücher und Socken und Knetmännchen und unter dem Kopfkissen all die Schätze, die Kinder gern vor den Erwachsenen verstecken. Kinder lieben ihr Bett, wenn sie darin kuscheln und spielen und sich verstecken können. Nur nicht, wenn sie schlafen sollen – dann möchten sie überall anders sein. Jedes Kind hat also eine besondere Beziehung zu seinem Bett. Warum sollten wir uns dann nicht mal Geschichten dazu ausdenken?

Die Kinder werden aufgefordert, Dinge zu benennen, die in ein Bett gehören bzw. gehören sollten. Wie stellt ihr euch das ideale Bett vor? Ist es ein Hochbett mit Rutsche oder wie eine Schaukel mit Seilen unter der Decke befestigt? Hat es ein Segel, Flügel, einen Propeller? Hat es Vorhänge zum Zuziehen? Ein Dach? Wenn der Schreiblehrer die Ideen gesammelt hat, gehen wir einen Schritt weiter. Nun stellt euch vor, wie euer Bett so ist. Gemütlich? Abenteuerlustig? Gefährlich? Stellt euch vor, ihr seid müde, aber das Bett will euch nicht schlafen lassen. Es möchte vielleicht eine Gutenachtgeschichte von euch hören. Oder sich durchs Treppenhaus schleichen und in die Stadt gehen. Oder aus dem Fenster fliegen. Oder es wünscht sich, ein Schiff zu sein und in See zu stechen. Überlegt euch, was möchte euer Bett?

Anmerkung:
Diese Übung lässt sich auch mit Kindern durchführen, die noch nicht schreiben können. Sie können dann erzählen oder malen.

Beispieltext:
Mein Bett hat ein Segel und es kann fliegen. Ich muss das Fenster offen lassen, und wenn es draußen dunkel ist, dann fliegt es los. Es fliegt über die Kuhwiesen und weiter. Manchmal wird eine von den Kühen wach und muht, das macht aber nichts. Bisher ist noch kein Mensch wach geworden und hat mich und mein Bett gesehen. Und morgens sind wir wieder im Zimmer.

(Denise, 9 Jahre)

6/Es war einmal …

Aufgabe: Spontane Geschichten erfinden
Altersgruppe: ab 6 Jahre
Zeit: 30 Minuten

Schreibanfänger haben oft den Kopf voll Ideen, sind aber meist noch nicht in der Lage, eine längere Geschichte zu Papier zu bringen. Sie schreiben den Anfang und lassen entmutigt den Stift sinken. »Wir können das nicht.« Nein, der einzelne Schüler kann das tatsächlich noch nicht, aber in der Gruppe lassen sich leicht komplette Geschichten entwickeln.

Der Schreiblehrer gibt einen Anfang vor, der den Schülern viele Möglichkeiten lässt. Zum Beispiel: Es war einmal eine finstere Nacht. Zwei komische Typen schlichen um die Ecke. Es waren: …

Nun kann es losgehen. Der Schreiblehrer wirft diesen Anfang wie einen Ball in die Gruppe. Wer fängt auf, wer findet den nächsten Satz? Jeder kann ein, zwei Sätze erzählen, dann macht ein anderer weiter, und der Nächste … Der Schreiblehrer schreibt mit, und am Ende staunen alle, wie mühelos eine Geschichte entstanden ist.

Anmerkung:
Diese Übung macht den Kindern immer viel Spaß, weil das für sie oft noch mit Mühe verbundene Schreiben wegfällt und sie sich ganz auf das Erfinden konzentrieren können. Gerade im Nachmittagsbereich, wenn die Schüler schon ziemlich erschöpft sind, ist das eine schöne Übung, um alle in Schwung zu bringen.

Bei älteren Schülern funktioniert dieses Spiel auch prima als Aufwärmübung.

Beispieltext:
Es war einmal eine finstere Nacht. Zwei komische Typen schlichen um die Ecke. Es waren Tim und Struppi. Sie wollten auf den Spielplatz. Da kam ihnen ein Tiger mit zwei Zähnen entgegen. Er hatte Hunger und wollte die beiden auffressen, aber dann fiel ihm ein, dass er sprechen konnte, und er fragte: »Habt ihr etwas Brot und Wasser?« »Ja, was möchtest du denn noch essen?«, fragte Tim, denn er sah, es war ein Babytiger. Tim und Struppi nahmen den Babytiger mit nach Hause. Der Tiger war sehr traurig, weil er seine Mutter verloren hatte.

Bei Tim und Struppi zu Hause fraß der Babytiger die Kissen kaputt und spielte mit den Stofftieren und sie nannten ihn »Timber«. Dann war plötzlich ein großer Tiger im Garten. Das war die Mutter vom kleinen Tiger. Sie wollte Tim und Struppi fressen, aber der Babytiger sagte: »Tu das nicht, das sind meine Freunde«, und die Tigermutter tat es nicht. Und dann blieben sie Freunde für immer und ewig.

(Gruppe Zweit- und Drittklässler)

7 / Fellgeschichten

Aufgabe: Anregungen über das Fühlen
Altersgruppe: 6 – 10 Jahre
Zeit: 30 – 45 Minuten

Fellreste sollen beim Kürschner oft kostenlos erhältlich sein, einfacher ist es aber wohl, Kunstfellstücke zu nehmen, die es in der Kaufhaus-Stoffabteilung gibt. Wichtig ist, dass wir den Kindern suggerieren, dass es sich bei dem Stück Fell um etwas Besonderes, Kostbares handelt, und dass wir ihnen Zeit lassen, sich mit dem Material auseinanderzusetzen, es zu befühlen, daran zu riechen, etc.

Unterschiedliche Felle werden in einem undurchsichtigen Beutel erst einmal nur zum Befühlen angeboten. Die Schüler sollen sagen, wie es sich anfühlt, woran es sie erinnert, ob es angenehm oder unangenehm ist. Schließlich wählt jeder, ohne dabei in den Beutel zu sehen, ein Stück Fell aus und klebt es auf ein Blatt Papier. Nun soll aus dem Fell mithilfe von Buntstiften ein Tier entstehen – eine Maus, eine Kuh, ein Schaf, ein Pferd, eine Robbe, ein Bär – was auch immer die Kinder darin sehen, und ein kurzer Text dazu geschrieben werden.

Erweiterung: Nachdem jedes Kind sein Tier vorgestellt hat, kann man die unterschiedlichen Tiere miteinander kommunizieren lassen und kleine Geschichten dazu erfinden. Was ist, wenn Benjamins Kuh die Maus von Fabio trifft und sie gemeinsam Lenas Robbe besuchen? In welcher Umgebung halten sie sich auf? Was könnten sie zusammen erleben?

Anmerkung:
Diese Übung ist besonders für Kinder geeignet, die Schwierigkeiten haben, sich auf das Schreiben einzulassen.

Beispieltext:
Das ist ein Smaddertier. Alle haben Angst vor ihm, aber es ist ganz nett. Am liebsten mag es Eier und Gras und Gummibärchen, und manchmal träumt es vom Dschungel, da kommt es her.

(Leander, 7 Jahre)

8 / Mein Schatten

Aufgabe: Sich beim Malen, Basteln und Schreiben kennenlernen
Altersgruppe: 6 – 10 Jahre
Zeit: 30 – 45 Minuten

Der Schreiblehrer bringt große Pappen oder Tonkarton, mindestens Format A2, breitet sie auf dem Boden aus und fordert einen der Schüler auf, sich darauf zu legen. Dann zeichnet er die Umrisse des Kindes nach. Schön ist, wenn der ganze Körper des Schülers darauf passt, ansonsten geht auch nur Kopf und Oberkörper und möglichst die Arme. Abwechselnd legen sich die Schüler auf die Pappen, ein anderer Schüler zeichnet den Umriss nach. Dann schneidet jeder seinen Schattentypen aus, je nach Laune können die Kinder Gesichter und Kleidung malen. Auf den Oberkörper schreiben die Schüler ihren Namen in Großbuchstaben, darunter zu jedem Buchstaben, was sie gern mögen. Jetzt können sich die Kinder gegenseitig ihre Schattenfiguren vorstellen.

Anmerkung:
Dieses Schreibspiel bringt Bewegung und Dynamik in die Gruppe. Es eignet sich damit gut für den Nachmittagsbereich, wenn die Konzentration nachgelassen hat. Oft beginnen die Schüler, ihre Figuren wie Puppen agieren zu lassen, und denken sich kurze Szenen und Dialoge für sie aus.

Beispieltext:
MELISA: Malen, Mathe – Enten, Englisch – Lollis – Inselurlaub – Seilchen – Apfel, Antworten

(Melisa, 8 Jahre)

9 / Die Umpalumpa-Sprache

Aufgabe: Fremdsprachige Texte übersetzen
Altersgruppe: ab 7 Jahre
Zeit: 15 – 20 Minuten

»A szallitas következteben a töltesi magassag ingadozhat.« – Dieser Hinweis zum Verzehr und zur Aufbewahrung ist auf der Cornflakes-Packung zu lesen, zusammen mit anderen Texten, die für die meisten von uns rätselhaft klingen.
Der Schreiblehrer legt den Schülern fremdsprachige Texte etwa von Lebensmittelpackungen oder Gebrauchsanweisungen vor. Es sollten keine Sprachen darunter sein, die von den Schülern verstanden werden. Nun darf mit dem »Übersetzen« angefangen werden. Was meint ihr, wovon handelt der Text? Was bedeuten die Wörter? Schreibt eine kleine Übersetzung!

Beispieltext:
Die Umpalumpa-Sprache
Hallo, ich bin ein Umpalumpa. Wir machen sehr viele Dinge zusammen. Am liebsten essen wir Schokobohnen und trinken Kakao. Wir wohnen im Dschungel und hängen unsere Häuser auf, weil unter uns so viele Gifttiere sind.

(Teresa, 8 Jahre)

10/Hundekuchen, Kuchenblech, Blechnapf

Aufgabe: Wortketten
Altersgruppe: ab 7 Jahre
Zeit: 20 Minuten

Wenn das Schreiben zwanglos ist und Spaß macht, kommen wir meist zu viel besseren Ergebnissen. Dafür ist es gut, kleine Aufwärmübungen parat zu haben, bei denen nichts auf dem Spiel steht und es nur ums Lockern geht.

Wir geben ein Wort in die Runde, das aus zwei Wörtern zusammengesetzt ist. Unsere Sprache ist voll von solchen Wortgebilden, nehmen wir also z.B. Hundekuchen und greifen das Wortende auf: Kuchen. Das nächste Wort sollte damit anfangen, z.B. Kuchenblech. Dann suchen wir ein Wort, das mit Blech beginnt usw. Die Schüler können entweder jeder für sich schreiben, lustiger ist aber meist, wenn man eine mündliche Teamarbeit daraus macht.

Anmerkung:
Da wir beim Kreativen Schreiben sind, sollten auch kreative, noch nicht existierende Wortkompositionen erlaubt sein.

Beispieltext:
Hundekuchen – Kuchenblech – Blechnapf – Napfschnecke – Schneckensalat – Salatbesteck – Besteckkasten – Kastenform – Formschinken – Schinkenspeck – Speckrolle – Rollenspiel – Spielwaren – Warenhaus – Haustier – Tierpark – Parkschein – …

11 / Stadt, Land, Fluss

Aufgabe: Spielen mit Buchstaben
Altersgruppe: ab 7 Jahre
Zeit: 20 Minuten

Früher wurde »Stadt, Land, Fluss« auf Kindergeburtstagen gespielt. Stadt und Land hatten wir meistens schnell, aber Fluss? Wenn nicht gerade der Buchstabe »R« dran war, fiel selten jemandem was dazu ein. Deshalb ist es bei jüngeren Schülern ratsam, statt Fluss andere Rubriken zu nehmen wie »Tier«, »Pflanze«, »Vorname«, »Star« oder »Musiker«.

Die Spielregeln sind wahrscheinlich bekannt, sonst hier noch mal kurz: Jeder nimmt ein Blatt Papier und notiert in der ersten Zeile die Begriffe Stadt, Land, Tier, Pflanze, Vorname, trennt die Wörter jeweils mit senkrechten Linien voneinander und macht einen Strich darunter. (Es wird also eine Tabelle gemacht.) Dann fängt ein Schüler an, lautlos, also in Gedanken, zu buchstabieren, bis ein anderer »Stopp« sagt. Der Buchstabe wird genannt und los geht es, zu jedem Begriff muss ein Wort mit passendem Anfangsbuchstaben gefunden werden. Wer als Erster fertig ist, meldet sich. Die Wörter werden vorgelesen und es gibt: 0 Punkte, wenn nichts gefunden wurde, 10 für jedes richtige Wort, 20 Punkte, wenn kein anderer das gleiche hat.

Anmerkung:
Diese Übung eignet sich gut zum Aufwärmen und für den Nachmittag. Obwohl sich die Schüler mit Sprache beschäftigen, haben sie das Gefühl, als spielten sie einfach nur. Diese Übung kann ausgeweitet werden, indem wir zu den gefundenen Wörtern kurze Texte schreiben.

Beispiel: B – Berlin – Belgien – Bär – Buche – Bernd

12 / If you're happy and you know it …

Aufgabe: Was tust du, wenn du fröhlich bist?
Altersgruppe: ab 7 Jahre
Zeit: 20 Minuten

Es gibt dieses alte Kinderlied: »If you're happy and you know it …« auch in deutscher Übersetzung, und zwar: »Wenn du fröhlich bist, dann … klatsche in die Hand«. Oder patsche auf dein Knie oder rufe laut olé oder …
Wir können das Lied mit den Schülern singen und dazu die passenden Gesten machen (meist ist das Lied schon aus dem Unterricht bekannt). Anschließend sollten die Schüler selbst überlegen, was sie tun, wenn sie fröhlich sind. Wir können eine Liste erstellen und die verschiedenen Variationen singen.

Anmerkung:
Diese Übung eignet sich gut für den Nachmittag, wenn es mit der Konzentration schwierig wird.

Beispieltext:

Wenn ich fröhlich bin, dann …
… sage ich »Oh nein!«
… guck ich auf die Uhr.
… spiel ich Fußball im Haus.
… werf ich mich auf die Erde.
… esse ich was Süßes.
… lach ich.
… tanz ich.
… mach ich Karaoke.
… mach ich laute Musik an.
… spring ich in den Pool.
… guck ich Fernsehen.
… ruf ich Yipieh-yeh!
… trommle ich.
… rap ich.
… spiel ich Bowling mit alten Flaschen.

(aus einer Gruppe von Zweit- und Drittklässlern)

13 / Mutige Meerschweinchen und kratzige Katzen

Aufgabe: Wortspiele
Altersgruppe: ab 7 Jahre
Zeit: 20 Minuten

Wortspiele eignen sich gut zum Aufwärmen. Dieses macht vor allem Grundschülern Spaß, die oft von Haustieren fasziniert sind.

Wir wählen ein Haustier – Meerschweinchen, Hund, Katze, Kaninchen oder Pferd – und suchen dann nach Wörtern, um unser Tier zu beschreiben. Dabei sollte alles erlaubt sein, wenn es nur mit demselben Buchstaben anfängt.

Anmerkung:
Bei dieser Übung können wir reihum vorgehen: ein Schüler nennt ein Wort, der Sitznachbar das nächste usw. Zwangloser ist es, wenn der Schreiblehrer (oder ein anderer, der vorher ausgewählt wurde) auf einem großen Blatt Papier die Wörter notiert, die in die Gruppe gerufen werden. Dann ist das Ergebnis anschließend für alle sichtbar.

Beispieltext:
Mein Meerschweinchen ist mutig, modern, merkwürdig, mager, morsch, … Es mag Marschmusik, Melonen, Milchreis, Mottenkugeln, … es malt, mampft, musiziert, …
Meine Katze ist kratzig, kuschelig, knautschig, kariert, … Sie mag Knochen, Kirmes, Knödel, Kirschkuchen, Kanalratten, … sie knobelt, kocht, kitzelt, klaut, krakeelt, …

14 / Aladin und die Wunderlampe

Aufgabe: Wünsch dir was
Altersgruppe: ab 7 Jahre
Zeit: 20 – 30 Minuten

Jede Kultur hat ihre eigenen Märchen und Geschichten, die von der jeweiligen Landschaft geprägt sind. So beziehen sich die Märchen der Gebrüder Grimm vor allem auf den Wald. Pinocchio dagegen ist eine toskanische Geschichte, die zwischen Weinbergen und Meer spielt. Und Sindbad und Aladin gehören nun mal in den orientalischen Raum.

Die Schüler werden nach Aladin und der Wunderlampe befragt. Dank des Disneyfilms können meist viele Schüler grob die Geschichte erzählen. In welcher Gegend spielt diese Geschichte und welche Einzelheiten kommen darin vor? Fliegende Teppiche, Kamele, die Wüste – was noch? Und wie war das mit der Wunderlampe? Hier kommt die Fantasie ins Spiel. Stellt euch vor, ihr findet eine geheimnisvolle Lampe. Ihr reibt mit einem Lappen darüber und plötzlich kommt ein Geist heraus. Was passiert jetzt? Vielleicht erfüllt euch der Geist eure Wünsche? Was wünscht ihr? Was erlebt ihr?

Anmerkung:
Diese Übung eignet sich besonders für jüngere Schüler, die zunächst die Wunderlampe mitsamt Geist malen können und darüber zu Geschichten finden.

Anmerkung 2:
Viele bildende Künstler haben sich von den Märchen aus Tausendundeiner Nacht inspirieren lassen. Auch der dänische Künstler Björn Wiinblad, der für eine deutsche Porzellanfirma eine Serie fantasievoller Teller entworfen hat, auf denen Szenen von Aladin und der Wunderlampe abgebildet sind. Schön wäre, wenn die Schüler solche Beispiele sehen könnten.

Beispieltexte:
Ich wünsche mir einen 10000000 kg schweren Eisbecher. Für andere ist er unsichtbar und schmilzt nicht draußen in der Sonne.

(Moritz, 8 Jahre)

Ich finde, als ich einmal wandere, eine Wunderlampe. Sie ist ganz dreckig. Ich putze sie und ein Geist kommt heraus. Der Geist sagt: »Ich diene dir.« Und ich wünsche mir etwas.
Geist: Was wünscht ihr von mir?
Aladin: Ich wünsche mir eine Prinzessin.

(Sofie, 8 Jahre)

15/Fischers Fritze fischt

Aufgabe: Alles mit F
Altersgruppe: ab 7 Jahre
Zeit: 20 – 30 Minuten

»Fischers Fritze fischt frische Fische« kennt jeder. Aber vielleicht können wir das Ganze noch etwas ausbauen?

Wir geben den bekannten Zungenbrecher in die Runde und machen daraus ein Spiel, indem jeder Schüler ein Wort oder zwei oder drei mit F hinzufügt, der Sitznachbar den Satz wiederholt, wiederum ein Wort hinzufügt, der nächste noch einmal wiederholt und hinzufügt usw. Der Schreiblehrer notiert die Wörter, so lange, bis niemandem mehr etwas einfällt. Dann könnten wir einen anderen Buchstaben nehmen und probieren, ob es auch mit a, b oder c (wird schwieriger) klappt.

Anmerkung:
Natürlich darf alles gefischt werden, es ist auch viel lustiger, wenn nicht nur Fische, Forellen und Frösche dabei sind, sondern Dinge, die normalerweise nicht in Gewässern zu finden sind wie Fleischwürste, Frettchen, Feuerwehr oder Fahnenstangen.

Beispieltext:
Fischers Fritze fischt frische Fische für Frieda, feuchte Forellen für Franziska, französische Flaschenpost für Florian, friedliche Fledermäuse für Florians Freund, freche Fasane für Frau Fragemann, forsche Frösche für Filipp, frierende Förster für fünf Fensterputzer …

16 / Vielseitige Dinge

Aufgabe: Was ein Fahrrad alles kann
Altersgruppe: ab 7 Jahre
Zeit: 20 – 30 Minuten

Früher konnte man mit einem Telefon telefonieren und sonst nichts. Heute verschicken wir Nachrichten, fotografieren, drehen Filme, spielen, kaufen im Internet ein, lassen uns orten und noch vieles mehr, alles mit dem Handy. Was aber fehlt noch? Was sollte so ein Handy noch unbedingt können? Vielleicht Tee kochen? Schön wäre, wir könnten es zum Roller ausklappen oder zum Liegestuhl. Praktisch wäre auch, wenn ein faltbarer Regenschirm integriert wäre.
Was fällt euch noch ein? Oder stellt euch das ideale Fahrrad/ Moped/ Auto vor. Was können wir damit erleben? Die Schüler sollten sich ein Gerät aus dem Alltag vornehmen und ihrer Fantasie freien Lauf lassen.

Beispieltext:
Mein Moped ist ein Supermoped, es ist superschnell. Es hat einen schwarzen Motor. Der Helm fliegt weg, so schnell ist das Moped. Es hebt ab, die Haare fliegen, der Motor ist ganz schwarz. Es macht einen Looping und fliegt nach China zu den Olympischen Spielen. Es landet in der Arena, und sie geben mir den goldenen Pokal.
(Teresa, 8 Jahre)

17 / Was wäre, wenn …

Aufgabe: Mein Haustier kann sprechen
Altersgruppe: ab 7 Jahre
Zeit: 20 – 30 Minuten

Die meisten bekannten Geschichten sind im Grunde »Was-wäre-wenn-Geschichten«. Kafkas »Verwandlung« zum Beispiel: Was wäre, wenn ich am Morgen als Käfer erwachte? Stephen King liebt die »Was-wäre-wenn«-Frage: Was wäre, wenn im Keller einer alten Tuchfabrik hundegroße Ratten ihr Unwesen trieben? Oder bei »Pinocchio«: Was wäre, wenn eine Holzpuppe plötzlich lebendig würde?

Der Schreiblehrer sollte ein paar Kärtchen aus Karton parat haben, die er mit »Was-wäre-wenn«-Fragen beschriftet. Das darf ruhig abstrus sein, um die Fantasie herauszufordern, z.B.: Was wäre, wenn: … mein Haustier sprechen könnte? … unsere Schule fliegen könnte? … wir mit dem Fahrstuhl zum Mittelpunkt der Erde fahren würden? … unsere Zimmerpflanze nicht mehr aufhören würde zu wachsen? …

Jeder Schüler sollte einen Zettel ziehen (das macht die Aufgabe spannender) und 10 bis 15 Minuten drauflosschreiben. Es darf natürlich auch getauscht werden.

Beispieltexte:
Ich bin gerade aufgestanden und ich gehe zu meinen Meerschweinchen und bringe ihnen Futter. Da merke ich, dass sie sprechen können. Ich frage mich, wieso?

(Sofie, 8 Jahre)

Meine Schule liegt am Meer. Ich kann jeden Tag baden gehen. Wenn es regnet, dann bleibe ich zu Hause.

(Leander, 8 Jahre)

18 / Was für ein Wetter!

Aufgabe: Sonne, Wind, Regen
Altersgruppe: ab 7 Jahre
Zeit: 20 – 30 Minuten

Wir haben es gut, wir sitzen im warmen Zimmer, während der Regen an den Fensterscheiben entlang rinnt und der Wind an den Rollläden rüttelt. So ein Glück, dass wir jetzt nicht raus müssen, oder?

Die Schüler werden aufgefordert, sich Wetter vorzustellen. Regen, Wind, Schneefall, Sonne, Hagel, Gewitter, eben alles, was das Wetter hergibt. Nun sollen sie sich Tiere, Pflanzen oder Objekte in der Natur aussuchen und versuchen, sich in sie hineinzufühlen. Stellt euch vor, ihr seid ein Blatt. Wie ist es, wenn der Wind euch packt, wenn Regentropfen auf euch prasseln, wenn die Sonne auf eure grüne Haut scheint? Wie fühlt sich ein Baum, wenn der Wind ihn schüttelt? Wie ist es für einen Grashalm, wenn ihn der Schnee zudeckt? Ihr könnt euch mehrere Dinge vornehmen und dazu kurze Texte schreiben oder auch eine kleine Geschichte ausdenken.

Anmerkung:
Die meisten Kinder halten sich heute wenig im Freien auf, viele wissen gar nicht, wie sich Regen auf der Haut anfühlt – und wie schön das sein kann.

Beispieltext:
Das Blatt: Ich fliege durch die Luft. Ich werde zerrissen.
Der Fisch: Mir ist kalt. Ich fühle mich toll.
Der Schmetterling: Ich fühle mich wie der Wind, wenn ich fliege.
Die Blume: Ich fühle mich schön, weil ich im Regen dusche.
(Sofie, 8 Jahre)

19 / Der fliegende Robert

Aufgabe: Wo hat der Wind ihn hingetragen?
Altersgruppe: ab 7 Jahre
Zeit: 20 – 30 Minuten

»Wenn der Regen niederbraust,
wenn der Sturm das Feld durchsaust,
bleiben Mädchen oder Buben
hübsch daheim in ihren Stuben.
Robert aber dachte: »Nein!
Das muss draußen herrlich sein!«
Und im Felde patschet er
mit dem Regenschirm umher.

Hui, wie pfeift der Sturm und keucht,
dass der Baum sich niederbeugt!
Seht! Den Schirm erfasst der Wind
und der Robert fliegt geschwind
durch die Luft so hoch, so weit;
niemand hört ihn, wenn er schreit.
An die Wolken stößt er schon,
und der Hut fliegt auch davon.

Schirm und Robert fliegen dort
durch die Wolken immerfort.
Und der Hut fliegt weit voran,
stößt zuletzt am Himmel an
wo der Wind sie hingetragen,
ja, das weiß kein Mensch zu sagen.«
(Heinrich Hoffmann, 1809 – 1894)

Die Schüler lesen das Gedicht vom fliegenden Robert und betrachten die dazugehörigen Illustrationen. Was könnte aus ihm geworden sein? Auch wenn kein Mensch etwas über seinen Verbleib sagen kann, irgendwo muss er ja gelandet sein. Schreibt ein paar Sätze über Robert und sein Abenteuer.

Anmerkung:
Jüngere Schüler finden leichter in das Thema, wenn sie zunächst Bilder malen. Natürlich kann die Übung auch als Gruppenspiel durchgeführt werden, etwa als Fortsetzungsgeschichte, die reihum weitererzählt wird.

Beispieltexte:
Der fliegende Robert, der landet auf einem Berg, da liegt viel Schnee und dann steht da ein Schlitten und er rodelt mit dem Schlitten den Berg runter …

(Sofie, 8 Jahre)

… Und da ist ein Haus und da geht er rein und da sind Stacheln, er ist fast tot, er schreit, rutscht einen Abhang runter …

(Teresa, 8 Jahre)

… Überall liegen Legosteine herum, er erinnert sich an sein altes Spielzeugbrett und da kommen welche und verkloppen ihn …

(Arturo, 9 Jahre)

20/»Am Samstag kam das Sams«

Aufgabe: Einfaches Dichten zur Geschichte von Paul Maar
Altersgruppe: 7 – 10 Jahre
Zeit: 30 Minuten

Im Buch »Eine Woche voller Samstage« von Paul Maar nimmt Herr Taschenbier das seltsame Wesen, das sich Sams nennt, mit nach Hause und halst sich damit allerlei Probleme auf. Das rothaarige Kerlchen mit den Wunschpunkten macht nämlich, was es will: am liebsten laut singen, wenn es leise sein soll, Fragen stellen, die anderen peinlich sind, und gerne auch wörtlich nehmen, was andere nur so dahersagen. Das Sams kennt sich eben gut mit Sprache aus. Das zeigt sich besonders in der wunderbaren Szene, als das Sams in der Schule den Deutschunterricht übernimmt und mit den Schülern dichtet. Das fängt an mit: »Es war einmal ein Strauß, der stellte ein Dingsda vors Haus.« Dann wird überlegt, wie es weitergehen könnte – »Dann kam dazu die Ammer, die rollte das Dingsda zur Kammer« und Tiere wie die Muschel, der Frosch und die Assel kommen und stellen weiteres mit dem Dingsda an.

Der Schreiblehrer liest die Szene vor, in der das Sams den Schülern eine Dichtstunde gibt. Die Episode zeigt, wie locker und unverkrampft Gedichte entstehen können. Wir könnten anfangen mit dem einfachen Satz: Der Hund kommt aus dem Haus ... (und sieht sofort die Maus/ und schnappt sich eine Laus/ und sein Fell wird ganz kraus/ ...), und dann spontan weiterdichten.

Anmerkung:
Die Übung eignet sich gut als Gruppenspiel, manche Schüler können auch erstaunlich gut Reimen und schaffen schnell eigene Gedichte.

Beispieltext:
Das Sams, das kracht
aufs Dach,
Herr Taschenbier
lacht,
das Geschirr -
klirr.
(Leander, 7 Jahre)

21 / Spontane Bildergeschichten

Aufgabe: Schreiben zu Fotos aus der Zeitung
Altersgruppe: ab 7 Jahre
Zeit: 30 Minuten

In jeder noch so kleinen Tageszeitung finden sich eine Menge Bilder aus den unterschiedlichsten Themengebieten: Porträts von Politikern, Fotos vom Treffen der Kaninchenzüchter, Schützen oder ehemaliger Klassenkameraden, Bilder vom Auftritt der Trompetenbläser, Fotos von der Wahl der schönsten Kuh, vom Sieger des Fußballspiels, Autowerbung, Reisereportagen, etc. Wir können die Bilder ausschneiden und zu Bildergeschichten zusammenstellen.

Der Schreiblehrer nimmt einen Stapel Zeitungen mit in den Unterricht und lässt die Schüler erst einmal alle Fotos ausschneiden, die ihnen interessant erscheinen. Das bringt Bewegung in die Gruppe, die Schüler tauschen die Zeitungen untereinander aus, zeigen sich gegenseitig die entdeckten Fotos, die auf einem Extratisch gesammelt werden. Dann wählt jeder Fotos aus, entweder aus einem bestimmten Themengebiet oder auch Bilder, die nichts miteinander zu tun haben (ist meist spannender). Diese Fotos werden in Reihenfolgen gebracht und auf A3-Blätter geklebt, dazu schreibt jeder Schüler kurze Sätze in Sprechblasen oder setzt Bildunterschriften. Es können sich auch Gruppen bilden, die gemeinsam an einer Bildergeschichte arbeiten, das ist vor allem bei jüngeren Schülern empfehlenswert.

Anmerkung:
Diese Übung passt gut in den Nachmittag, wenn die Konzentration nachgelassen hat. Das Ausschneiden und Basteln hilft gerade jüngeren Schülern, sich zu entspannen. Sie haben dann weniger das

Gefühl, »im Unterricht« zu sein, und gehen spielerischer an das Schreiben und Ausdenken der Geschichte heran.

Beispieltext:
Neulich wollten wir einen Ausflug machen.
Wir fuhren mit dem Auto.
Pass auf, da sind Trompetenspieler!
Brems, quietsch
Tätätätätä!
Ist schon wieder Karneval?
Ich hab Hunger auf Käse.
Möchte jemand Käse?
Wir aßen Käse und waren plötzlich am Nordpol.
Da trafen wir ein sprechendes Schaf.
Hallo, wie geht's?
Das Schaf gehörte zu einem Schloss.
Das Schaf lud uns ein zu übernachten.
Der Hofhund hatte sich als Seeräuber verkleidet und war ziemlich sauer, als er uns sah.
Auch die Schlosskuh war nicht begeistert.
Also fuhren wir wieder nach Hause.
Das war der Ausflug.

(Text einer Gruppe von Zweit- und Drittklässler)

22 / Märchen neu erzählen

Aufgabe: Märchen weitererzählen
Altersgruppe: ab 7 Jahre
Zeit: 30 Minuten

Der Schreiblehrer befragt die Schüler, welche Märchen sie kennen, und notiert diese an der Tafel, wahrscheinlich »Rotkäppchen«, »Hänsel und Gretel« und »Schneewittchen«. Anschließend werden die Kinder gebeten, eins der Märchen nachzuerzählen. Meist geschieht das leiernd und gelangweilt und oft ziemlich knapp. Märchen sind ja für Schulkinder ziemlich kalter Kaffee, oder? Das ändert sich, wenn der Schreiblehrer beginnt, die bekannten Geschichten ein bisschen zu verändern. Vielleicht würde der Wolf seine Begegnung mit dem Rotkäppchen ganz anders schildern? Womöglich war das Rotkäppchen eine Rotzgöre, die der Großmutter einen Streich spielen wollte. Und der Wolf versuchte die Großmutter zu warnen. Oder das Rotkäppchen hat dem Wolf eine Falle gestellt, weil es scharf auf sein Fell war. Und Hänsel und Gretel sind ihren Eltern davongelaufen, haben bei der alten Kräuterfrau eingebrochen, deren Vorräte aufgegessen und schließlich ihr Haus angezündet. Wissen wir denn, wie es wirklich war? Vielleicht war Schneewittchen eine eitle Zicke, die Spaß daran hatte, die Zwerge für sich schuften zu lassen.

Die Schüler sollen sich eine neue Märchenversion ausdenken. Es können sich auch verschiedene Märchen miteinander vermischen. Was wäre, wenn der gestiefelte Kater das Rotkäppchen getroffen hätte und sie gemeinsam losgezogen wären, Rapunzel zu befreien? Womöglich geht das Märchen vom Aschenputtel noch weiter: In kurzer Zeit war das ganze Schloss verdreckt und der Prinz guckte sich nach Aschenputtels hübscher Stiefschwester um …

Beispieltext:
Hänsel und Gretel verirrten sich im Wald. Es war dann so windig. Dann flog Hänsel weg und kam im Schloss Heessen an und da war die böse Königin und sperrte Hänsel ein. Gretel suchte Hänsel. Sie kam an ein Schloss. Sie hörte Hänsel schreien. Und die Königin sperrte Gretel ein.

(Marco, 8 Jahre)

23/Reisen, wohin du willst

Aufgabe: Fantasiereisen
Altersgruppe: ab 7 Jahre
Zeit: 30 Minuten

Wäre das nicht schön: ein Ballon würde auf uns warten, wir bräuchten nur einzusteigen und kämen zum allerschönsten Ort der Welt?

Die Schüler sollten leise sein und die Augen schließen. Nun schildert der Schreiblehrer mit ruhiger Stimme einen angenehmen Ort. Das kann eine Blumenwiese sein oder ein Sandstrand. Es sollten so viele Sinne wie möglich angesprochen werden, etwa der Geruch der Blumen, das Gezwitscher der Vögel, das Rauschen der Wellen etc. Der Schreiblehrer könnte beispielsweise Folgendes erzählen: stellt euch vor, ihr seid auf einer wunderschönen Blumenwiese. Das Gras ist leuchtend grün und die Bienen summen in den duftenden Blüten der Maiglöckchen. Dort drüben wartet ein Ballon auf euch. Ihr steigt in den Korb und schon frischt der Wind auf und hebt euch langsam in die Luft. Leicht fliegt ihr über die Wiese und den Wald. Das ist ein schönes Gefühl. Von oben könnt ihr alles genau betrachten: die Tiere auf den Weiden, die kleinen Häuser, Bäche und Seen. Dann senkt sich der Ballon langsam, ihr landet sanft und steigt aus. Wo seid ihr? Was seht ihr? Was macht ihr?

Ca. 10 bis 15 Minuten schreiben.

Beispieltext:
Es ist nun wackelig, wie ein Wackelpudding, und da sehe ich einen Baum, da wachsen Süßigkeiten. Da sehe ich eine ganz große Ameise, die bittet mich um Essen, und da liegen Überraschungseier und da hat es Süßigkeiten geregnet. Da sah ich einen Menschen. Das ist komisch, sagte ich, der Mensch sah genauso aus wie ich, und da sagte

ich: »Hallo«, und der sagte auch »Hallo«, und da sind wir Freunde geworden. Ich wollte wieder nach Hause, weil es ist dunkel geworden. Da wollte es mit. Ich sagte »Okay«, und da sind wir zurückgekehrt. Da war es schön wie zu Hause und ich habe gesagt: »Wollen wir irgendwann wieder dahin?«, und da bin ich aufgewacht und habe gedacht, das wäre alles echt gewesen.

(Melisa, 8 Jahre)

24 / 20 Gründe, warum wir uns auf den Sommer freuen

Aufgabe: Listen erstellen
Altersgruppe: ab 7 Jahre
Zeit: 30 Minuten

»20 Gründe, die krieg ich nie zusammen!«, stöhnen die Schüler. »Müssen das wirklich so viele sein?« Ja. Weil bei 20 Gründen die Chancen größer sind, dass etwas Persönliches darunter ist. Jeder freut sich auf den Sommer, weil er auf Sonne hofft oder auf Eiscreme und längeres Aufbleiben. Aber nicht jedem fällt auf, dass die Frösche im Sommer so schön quaken.

Es sollten 20 Gründe aufgeschrieben werden, warum wir uns auf den Sommer freuen/ warum wir den Herbst/Frühling/Winter mögen. Die Dinge sollten möglichst rasch notiert werden. Anschließend werden die Listen vorgelesen und es kann eine neue Liste erstellt werden mit allen Punkten, die von den Schülern genannt wurden. Die Dinge auf dieser Liste können weiter verwendet werden, um z.B. ein Jahreszeitengedicht oder eine kurze Geschichte zu verfassen.

Anmerkung:
Listen sind leicht und ohne viel Aufwand zu erstellen und eignen sich damit besonders zum Aufwärmen. Außerdem sammelt sich so eine Menge Material an, das sich weiterverwenden lässt.

Beispieltexte:
1. weil dann Sommerferien sind
2. weil ich länger aufbleiben darf
3. weil das Wetter gut ist

4. weil ich länger schlafen kann
5. weil ich keine Hausaufgaben machen muss
6. weil ich lange draußen sein kann
7. weil ich Gokart fahren kann
8. weil wir grillen
9. weil es Melonen gibt
10. weil ich mit den Pfadfindern wegfahr
11. weil wir manchmal Kanu fahren
12. weil wir in den Urlaub fahren
13. weil es da immer Eis gibt
14. weil ich mich nicht so dick anziehen muss
15. weil ich schwimmen gehen kann
16. weil ich in den Park gehen kann
17. weil die Grillen zirpen
18. weil alles so schön grün ist
19. weil die Frösche so schön quaken
20. weil es lange hell ist
(Kilian, 10 Jahre)

Ein Sommergedicht:
Der Sommer ist heiß,
die Würstchen sind braun.
Ich esse mein Eis
und die Katzen miaun.
Melonen liegen auf dem Tisch
und ich hör die Frösche quaken,
bin geschwommen wie ein Fisch,
im Planschbecken bei uns im Garten.
(Dennis, 10 Jahre)

25 / Zahngeschichten

Aufgabe: Wenn die Zähne sprechen könnten …
Altersgruppe: ab 7 Jahre
Zeit: 30 Minuten

Vielleicht war vor kurzem der Zahnarzt in der Schule? Vielleicht hat der eine oder andere gerade einen Wackelzahn?

Die Schüler stellen sich vor, die Zähne im Mund wären kleine Wesen, die nachts miteinander sprächen. Was erzählten sie sich? Wie ist es, immer so eng aufeinander zu sitzen? Und wie ist es wohl für einen Wackelzahn, wenn er weiß, dass er bald ausfällt?

Belauscht die Zähne, wie sie untereinander reden, und schreibt ihr Gespräch auf! Es können auch Zahnbilder gemalt werden, vielleicht mit Sprechblasen zu den einzelnen Zähnen.

Beispieltext:
Der kranke Zahn: »Ich werde nie richtig geputzt. Deshalb habe ich ein Loch und werde auch morgen gezogen.«
Ein Backenzahn: »Stör mich nicht!«
Ein Zahn unten: »Seid leise!«
Ein Eckzahn: »Damals war es noch schön.«
Der kranke Zahn: »Schluchz. Ich geh dann mal jetzt!«
Die Zahnfee: »Endlich ist mein Palast vollständig!«
(Sofie, 8 Jahre)

26 / Fantastische Haustiere

Aufgabe: Wenn ich mit meinem Elefanten Gassi gehe
Altersgruppe: ab 7 Jahre
Ziel: 30 Minuten

Jonas hat einen Hund, Sina eine Katze und Mehmet einen Goldfisch. Sie kaufen Futter in der Tierhandlung, gehen mit dem Hund spazieren, wechseln das Wasser im Aquarium und manchmal sitzen sie beim Tierarzt und lassen die Katze impfen. Was aber, wenn wir ein ganz anderes, ein selteneres Haustier hätten? Einen Affen wie Pippi Langstrumpf oder eine Giraffe oder einen Frosch oder einen Tausendfüßler?

Jeder Schüler entscheidet sich für ein Tier, das normalerweise kein Haustier ist, und schreibt ein paar Sätze, wie sein Alltag mit diesem ungewöhnlichen Haustier aussehen könnte.

Beispieltexte:
Ich habe eine kleine Mücke. Ich habe sie ja sehr lieb, aber sie bringt mir sehr viel Unglück. Ich muss jeden Tag zum Arzt, weil ich muss da Blut haben für die Mücke. Sie sticht mich auch immer im Bett.

(Teresa, 7 Jahre)

Ich möchte einen Elefanten. 24:42 Uhr – Max liest dem Elefanten vor, aber der hat Hunger. Ich muss ihm 1000 Stückchen Käse und 20000 Stückchen Salami mitten in der Nacht bringen. Tötö Törö Törö! Die zwei Nachbarn kommen und schimpfen. Ich will ein Buch und er liest mir was vor. Wir gehen ins Bett.

(Leander, 7 Jahre)

27 / Ich öffne den Deckel und …

Aufgabe: Die Zauberschachtel
Altersgruppe: ab 7 Jahre
Zeit: 30 – 45 Minuten

Schreiben bedeutet stillsitzen, und das mögen Schüler häufig nicht so gern. Von daher empfiehlt es sich, ab und zu ein Bewegungsspiel einzubauen, das gleichzeitig zum Geschichtenerfinden anregt.

Der Schreiblehrer bringt eine leere Schachtel, z.B. einen Schuhkarton, mit. Wichtig ist, dass ein Deckel dabei ist. Dann sagt der Schreiblehrer etwas wie: »Ich habe eine kleine Schachtel, ich öffne den Deckel und sehe … eine Schildkröte, die durch den Ozean schwimmt.« Die Schachtel wird an einen Schüler weitergegeben, der wiederum die Sätze wiederholt: »Ich habe eine kleine Schachtel, ich öffne den Deckel und sehe … ein Vogelhäuschen, in das eine Meise fliegt.« Es kann alles in dieser Schachtel gesehen werden, es sollte aber möglichst konkret benannt werden. Gerne darf auch ausgeschmückt werden. Anschließend wird die Schachtel weitergereicht. Der Schreiblehrer sollte die Dinge aus der Schachtel notieren. Sie könnten wiederum Ausgangsmaterial für Geschichten sein, etwa indem wir anfangen, die einzelnen Dinge zueinander in Beziehung zu setzen.

Anmerkung:
Dieses Spiel ist auch für ältere Schüler geeignet. Da empfiehlt es sich, die Dinge aus der Schachtel an die Tafel (oder auf eine große Pappe) zu schreiben. Nun sollte jeder eine Geschichte schreiben, in der mindestens fünf oder sogar zehn Dinge von der Tafel vorkommen.

Beispieltexte:
Ich öffne den Deckel und sehe …
… einen Spiegel, in dem ich mich sehe
… die Ärzte, die singen »Junge, warum hast du nichts gelernt?«
… unsere Lehrerin, die nach der Schule ins Auto steigt und denkt: wäre ich doch lieber ein Pferd geworden
… großes Unglück, das uns allen heute passiert
… einen Mann, der denkt an die Teletubbies, der blutet an der Hand, weil er in den Fernseher geboxt hat
… einen Mann, der eine Schule baut
… zwei Meerschweinchen, die Urlaub auf Hawaii machen
… einen springenden Delfin. Er ist sehr groß, und da ist ein Wal, und die beiden trinken zusammen Kaffee.
…

Am Morgen sah ich beim Zähneputzen in den Spiegel, aber darin war nicht mein Gesicht, sondern die Ärzte. Sie sangen »Junge, warum hast du nichts gelernt?«. Ich musste mich beeilen, zur Schule zu kommen, aber unsere Schule war noch gar nicht fertig, ein Mann baute sie gerade. Unsere Lehrerin stieg ins Auto und dachte, wäre ich doch lieber ein Pferd geworden. Da kam eine dicke schwarze Wolke und brachte großes Unglück über uns alle, die Lehrerin wurde wirklich ein Pferd und der Hausmeister blutete an der Hand, weil er bei den Teletubbies in den Fernseher geboxt hatte. Und die Schüler verwandelten sich in Delfine. Alle schwammen und sprangen im Meer herum, und unterwegs tranken wir Kaffee mit dem Wal. Wir kamen an eine Insel. Da wuchsen Palmen und es gab einen schönen Sandstrand. Wir waren auf Hawaii, und als wir uns umsahen, entdeckten wir Sofies Meerschweinchen, die gerade Urlaub machten. Sie lagen in einem Liegestuhl, mit einer Zeitung und mit Sonnenbrillen auf. Das wollten wir auch.

(alle Texte von einer Gruppe Zweit- und Drittklässler)

28 / Lauter Geheimnisse

Aufgabe: Die Kamera am Meer
Altersgruppe: ab 7 Jahre
Zeit: 30 – 45 Minuten

Eine Kamera ist nicht einfach ein Gegenstand, sie birgt ein Geheimnis, ähnlich wie ein Tonband oder eine CD. Was mögen für Aufnahmen darauf sein? Im Buch »Das Jesus-Video« von Andreas Eschbach etwa taucht, wie der Titel schon verrät, ein mysteriöses Video auf, auf dem Jesus zu sehen sein soll, und im Buch »Fundstücke« von Davis Wiesner wird eine alte Unterwasserkamera an den Strand gespült. Das Meer ist unvorstellbar riesig, und Forscher haben noch immer keine Ahnung, was sich in den Untiefen alles verbirgt. Was könnte uns also so eine Kamera zeigen?

Die Schüler werden aufgefordert sich vorzustellen, wie es wäre, eine alte Kamera am Strand zu finden. Es gibt die Möglichkeit, den Film herauszunehmen und entwickeln zu lassen. Was seht ihr auf den Fotos? Vielleicht Seeschlangen und Riesenkraken? Schillernde Fischschwärme? Oder versunkene Städte, den Palast der Meerjungfrauen, eine Ansammlung von U-Booten? Lasst eurer Fantasie freien Lauf!

Beispieltexte:
Ich lege die Kamera zu meinen Fundstücken, aber da sehe ich, man kann sie öffnen und den Film herausnehmen. Und ich bringe die Bilder zum Entwickeln. Ich dachte, da ist ein Seeungeheuer auf den Fotos oder ein versunkenes Schiff. Es war sehr spannend. Ich ging vor dem Laden auf und ab und die ganze Zeit dachte ich, das ist ein Scherz und jemand beobachtet mich. Endlich waren die Fotos fertig. Aufgeregt sehe ich sie mir an. Alles ist schwarz. Nur ein einziges Bild

ist etwas geworden. Komisch, es ist ein Bild von der Welle, die die Kamera an Land gespült hatte. Ich frage mich, was das zu bedeuten hat.

Aber trotzdem war alles sehr spannend.

(Kilian, 10 Jahre)

Da ist eine Kamera. Ich lasse die Bilder entwickeln und staune. Da ist ein Seestern mit einer gelben Badehose und einem roten Hut auf dem Kopf. Ein Krebs mit zwei verschieden großen Augen und einer gelben Badehose. Ein Seeungeheuer. Ein Piratenschiff mit einer Fahne, darauf ist ein Knochen. Ein Tintenfisch mit blauen Socken. Ein Elefant in der Unterwasserschule, hinter ihm ist die Tafel, er hat gerade Rechnen. Da ist ein Gespenst mit gelben Handschuhen. Eine Schnecke und ein Frosch und eine Qualle.

(Leander, 8 Jahre)

29 / Comics

Aufgabe: Immer neue Bildergeschichten
Altersgruppe: ab 7 Jahre
Zeit: 30 – 45 Minuten

Micky Maus, Donald Duck, Fix und Foxi, Asterix oder moderne Mangas – was für ein Comic ist egal. Vielleicht müssen wir uns überwinden, die Schere zu nehmen und möglichst viele der Bildchen auszuschneiden. Am besten kleben wir sie einzeln auf kleine Pappkarten, das sieht gleich interessanter aus und hält auch länger. Und das Beste: aus fünfzig Kärtchen lassen sich zig neue Geschichten erfinden.

Auf dem Tisch liegen verdeckt die Karten. Jeder Schüler wählt etwa fünf davon aus. Jetzt sind alle Möglichkeiten offen: Micky Maus macht mit Klarabella eine Radtour zu den Kannibalen. Vielleicht treffen sie unterwegs Dagobert Duck und finden eine Schatzkarte. Oder Ede Wolf gewinnt einen Luftballon, mit dem er zur Hütte der drei Schweinchen fliegt. Dort erwarten ihn aber die Panzerknacker. Keine Ahnung, was sich plötzlich für Geschichten ergeben. Bringt die Bilder in eine für euch passende Reihenfolge und schreibt drauflos!

Anmerkung:
Das Spiel lässt sich auch mit Schülern spielen, die noch nicht schreiben können. Jeder zieht reihum eine Karte und beschreibt, was er sieht, etwa »Donald geht über die Straße«. Der Nächste wählt eine Karte und nimmt den Faden auf: »Er besucht Minnie, die gerade einen Schal strickt.« »Im Hafen schaukelt ein Boot, damit werden die beiden gleich fahren«, usw. Der Schreiblehrer könnte mitschreiben, was die Kinder erzählen. Zum Schluss werden die Karten der Reihe nach an die Wand gepinnt oder auf einer Pappe fixiert und die Geschichte vorgelesen.

Beispieltext:
Das Auto hatte einen Platten und ich wollte doch zur Kirmes. Ich bin dann zu Fuß gegangen. Das erste Spiel war Vasen kaputt schießen. Danach musste ich mit einem Schraubenzieher ein Postfahrrad zusammenbauen und ganz viel Spielzeug. Ich habe den Wettbewerb dann gewonnen. Als ich rausging, war da Daisy mit Gustav Gans zusammen, aber als sie meinen Pokal sah, wollte sie lieber mit mir gehen. Wir haben dann ein Picknick gemacht und alles war gut. Ende.

(Leander, 8 Jahre)

30 / Was macht das Eichhörnchen mit dem Regenschirm?

Aufgabe: Zusammengetragene Geschichten
Altersgruppe: ab 7 Jahre
Zeit: 30 – 45 Minuten

Wenn wir die Dinge aus ihrem gewohnten Umfeld nehmen und neu zusammenstellen, ergeben sich Überraschungen.

Die Schüler werden losgeschickt, interessante Dinge zusammenzutragen. Jeder sollte sich im Klassenzimmer/ Schulgebäude/ Schulhof umsehen und einen Gegenstand mitbringen, der ihm aufgefallen ist. Das kann ein Lineal sein, eine Pflanze, eine Mütze, ein Blatt, ein Strohhalm, ein Regenschirm etc. Hat jeder etwas gefunden, stellen wir die Dinge auf einen Tisch und überlegen, wie wir eine Geschichte erzählen können, in der jeder Gegenstand vorkommt. Wir können uns eine Geschichte gemeinsam in der Gruppe ausdenken, oder jeder schreibt eine eigene kurze Geschichte.

Beispieltexte:
Folgende Dinge wurden gesammelt: ein Ball, ein Regenschirm, ein Radio, eine Pflanze, ein Koffer, eine Pfanne, ein Eichhörnchen aus Stoff

Es war einmal ein Eichhörnchen namens Trixie. Es hatte sehr Hunger und wollte ein bisschen Rockmusik beim Essen hören. Sie holte das alte Radio und machte es an. Dann kochte sie mit der Pfanne und aus dem Radio kam »I'm loving«. Dann wollte sie nach draußen zu ihrem Baum im Glasraum, aber es hat so doll geregnet. Dann wollte sie den Regenschirm holen, aber sie hatte noch eine bessere Idee: sie packt den Koffer und zieht nach Griechenland. Bye-bye!

(Melisa, 8 Jahre)

Es war einmal ein Eichhörnchen, das lebte auf einem Schrottplatz. Dann hat es einen Wagen gebastelt aus einem Regenschirm, einem Radio, einem Ball, einem Koffer und einer Pfanne. Da hat es den Ball gegen die Uhr von der Kirche geworfen und die Uhr war kaputt. Dann ist das Eichhörnchen mit dem Schirm hochgeklettert. Dabei ist der Wagen ins Rollen gekommen und in einen Baum gefahren und war kaputt. Dann hat das Eichhörnchen etwas Neues gebaut.

(Leander, 8 Jahre)

31 / Vom Löwen, der nicht schreiben konnte

Aufgabe: Der Löwin einen Brief schicken
Altersgruppe: 7 – 10 Jahre
Zeit: 30 – 45 Minuten

Im Bilderbuch »Die Geschichte vom Löwen, der nicht schreiben konnte« von Martin Baltscheit tritt ein Löwe auf, den es überhaupt nicht juckt, nicht schreiben zu können. Bis er die schöne Löwin sieht. Eine Löwin, die in einem Buch liest. Er möchte sie küssen, aber: »Eine Löwin, die liest, ist eine Dame. Und einer Dame schreibt man Briefe. Bevor man sie küsst.«

Der Löwe beauftragt erst den Affen, einen Brief für ihn zu schreiben, aber das geht natürlich schief, weil Affen eine andere Vorstellung von Romantik haben als Löwen. Mit Bananen kann man eben keine Löwinnen locken. So wendet sich der Löwe an das Nilpferd, das der Löwin vorschlägt, nach Algen zu tauchen. Geht auch nicht. Der Löwe lässt sich Briefe von Mistkäfer, Krokodil, Geier und anderen Tieren schreiben, kein Brief stellt den Löwen zufrieden.

Der Schreiblehrer zeigt den Schülern die ersten Seiten des Bilderbuchs. Ihr könnt doch sicher dem Löwen helfen? Schreibt der Löwin einen Brief! Oder versetzt euch in die Rolle anderer Tiere. Was würde ein Igel, ein Fisch, eine Mücke usw. schreiben? Ein Brief muss übrigens nicht immer nur aus Wörtern und Sätzen bestehen, es darf auch dazu gemalt werden.

Anmerkung:
Diese Aufgabe eignet sich besonders für jüngere Kinder, die gerade mit dem Schreibenlernen anfangen.

Briefe mit der Kombination aus Wort und Bild sind auch bei Erwachsenen beliebt, viele Künstler wie Arno Schmidt, Emil Nolde und Else Lasker-Schüler haben interessante Beispiele dazu hinterlassen (gesammelt z.B. in »Bilderbriefe« von Rolf-B. Essig/ Gudrun Schury)

(M. Baltscheit: Die Geschichte vom Löwen, der nicht schreiben konnte. Bajazzo Verlag, Zürich)

Beispieltext:
Die Superschlange und der Löwe
Einmal eine kleine Schlange. Sie hat in einer Nacht was Komisches gefunden, sagt die Schlange und dann, die Schlange muss das essen und dann: Transformation in eine Superschlange. Aber dann ist sie nicht nur eine Superschlange, sie ist auch eine saure Schlange und dann: Sie schreibt eine Karte für einen Löwen, wieso der Löwe ist immer sauer. Dann geht sie zum Posthaus und dann: Der Löwe sieht einen Zettel. Was ist das für ein mysteriöser Zettel und der Zettel kommt vom Himmel, sagt der Löwe und dann: Er liest den Zettel und das steht da:

»Lieber Löwe,
willst du mit mir essen in meinem Haus?«
Die Superschlange = Arturo
(Arturo , 8 Jahre)

32 / Was man sich so alles erzählt

Aufgabe: Sagen
Altersgruppe: ab 7 Jahre
Zeit: 30 – 45 Minuten (oder länger)

Vor langer Zeit, als die Pest in den Dörfern wütete, vergrub ein reicher Schulze einen Goldschatz dort unter der knorrigen Weide. Einst gab es eine Burg drüben am Fluss, da hat es sich zugetragen, dass ein Bettler vom Ritter verflucht wurde, der Fluch sich aber umkehrte und wir noch heute in klaren Mondnächten den Ritter sehen können, wie er heulend und klagend entlang des Ufers wandelt. Und hier am alten Kloster sind es sieben weiße Jungfern, denen einst Unrecht geschah und die seitdem in jeder Silvesternacht am Brunnen erscheinen. Moorhexen, Nachtmähren, listige Mönche, kopflose Ritter, Teufel – sie alle bevölkerten die Nächte, als sich die Menschen noch Geschichten am Herdfeuer erzählen. Manche der alten Überlieferungen reichen zurück bis in vorchristliche Zeiten. Schade, dass die Sagen heute so ein verstaubtes und heimatdusseliges Image haben und allmählich aus dem Bewusstsein verschwinden. Lebendig erzählt sind es nämlich spannende Abenteuergeschichten.

Ideal wäre, wenn die Schüler schon vorher Sagen sammeln würden. Sie könnten z.B. die Großeltern befragen oder, je nach Alter, im Stadtarchiv, Internet oder bei Heimatvereinen recherchieren. Eigentlich bietet so gut wie jeder Ort einen Fundus von Überlieferungen. Irgendwo gab es einen hohlen Baum, in dem sich der Teufel versteckte, ein altes Gemäuer, in dem es gespukt haben soll, ein Gasthaus, in dem sich finstere Typen zum Kartenspiel trafen, einen Hexenteich, einen Sumpf, etc. Manchmal geben die Straßennamen Hinweise auf geschichtsträchtige Orte.

Da Sagen meistens nur den Kern einer Geschichte beinhalten und praktisch als Zusammenfassung daherkommen, sind sie prima Rohmaterial für die eigene Fantasie. Wie war das genau mit der Hexe, der weißen Dame oder dem versunkenen Schloss? Nehmt die einzelnen Elemente der Sage und macht eine Geschichte daraus!

Anmerkung:
Toll wäre, wenn die Schüler den Schauplatz einer ortsansässigen Sage besichtigen könnten. Auch wenn heute die Schnellstraße am alten Hexenteich vorbeiführt und sich im Wasserschloss eine Computerfirma niedergelassen hat, so wird die Vergangenheit oft an winzigen Details sichtbar. Und vielleicht flattern gerade die Raben krächzend auf, oder ein einzelner Sonnenstrahl bricht durch die dunklen Wolken, oder ein kalter Windhauch lässt uns frösteln …

Beispieltext:
Die Jungen –

An der Laterne sieht Robert einen Schlüssel. Er sieht ein Seil. Die Hexe hat den Jungen. Er kommt in einen Käfig. Aber er hat einen Schlüssel. Er nimmt den Schlüssel und befreit sich. Er befreit auch die Jungen. Er rennt nach Hause und die Hexe hat nie mehr einen Jungen gefangen.

(Leander, 7 Jahre, der sich auf das Emsdettener Vennmütterchen, eine Moorhexe, bezieht.)

33 / Unheimlich oder lieber unheimlich lustig?

Aufgabe: Gruselgeschichten
Altersgruppe: ab 7 Jahre
Zeit: 30 – 45 Minuten

Spätestens seit Halloween in Mode gekommen ist, sind die Vampire als Kuschelpüppchen und Fensterbilder in die Kinderzimmer gezogen. Dazu gehören Dinge wie künstliche Spinnenweben, Skelette aus Plastik, Glasaugen und Glibber-Würmer. Bei so viel Gruselkram bietet es sich doch an: eine richtig schön-schauerlich-fürchterliche Gruselgeschichte zu schreiben.

Die Schüler werden aufgefordert, Dinge zu benennen oder aufzuschreiben, die zu einer Gruselgeschichte gehören. Die Burg, das Gewitter, der bucklige Diener sind typische Zutaten. Was fällt euch noch ein? Vergesst nicht die Geräusche, etwa das klassische Türenknarzen, und die Gerüche, Moder oder Staub? Wenn wir genug auf unserer Liste haben, können wir anfangen. Schreibt eine kurze unheimliche Geschichte. Es darf auch eine Parodie sein.

Anmerkung:
Manche Schüler meinen, je mehr Blut in einer Geschichte fließt, desto gruseliger wird sie. In Wirklichkeit haben Berichte über Hausschlachtungen wenig unheimliches Potenzial. Die Klassiker der Schauerliteratur wie Bram Stokers Dracula und Mary Shelleys Frankenstein kommen mit relativ wenig Blutvergießen aus.

Zweite Anmerkung:
Besonders jüngere Kinder haben, dank diverser Kindersendungen, Vampire oft als wichtigtuerische Witzfiguren erfahren, und so fällt es ihnen besonders leicht, lustige Gruselpersiflagen zu entwerfen.

Beispieltext:
Es war einmal ein grausames Unwetter. Da kam ein grausamer Vampir. Der sah so grässlich aus, dass man gleich umfällt. Er wollte die ganze Welt regieren, aber … Er schaffte es nicht.

(Teresa, 7 Jahre, die dazu ein Bild von einem maikäferähnlichen Vampir malte)

34 / Verdächtig!

Aufgabe: Spuren suchen
Altersgruppe: ab 7 Jahre
Zeit: 45 Minuten

Draußen wimmelt es nur so vor Spuren: Fußabdrücke im Sand, Äste, die in eine Richtung weisen, abgeknickte Blumen, ein Muster aus Blüten, weggeworfene Fahrscheine, Bonbonpapiere, ein zerknüllter Brief, usw.

Die Schüler stellen sich vor, sie wären Detektive oder Kriminalkommissare. Aufmerksam und mit Notizheft und vielleicht Kamera streifen sie auf dem Schulhof und der nahen Umgebung herum und suchen verdächtige Spuren. Stellt euch vor, ihr ermittelt in einem Krimi. Was verraten die Dinge, die ihr findet? Wohin führen euch die Spuren? Schreibt eine kleine Geschichte darüber, was passiert sein könnte.

Beispieltext:
Der Täter heißt Julia. Sie raucht sehr viel. Sie könnte auch eine Meerjungfrau sein, weil hier so viel Sand liegt, oder sie ist eine Postbotin und hat Briefe und Kataloge in den Container geworfen, weil sie eher Feierabend machen wollte. Julias Haare sind blond. Sie trinkt gerne Bier, isst Bonbons und kauft bei Aldi ein. Sie kommt aus Texas. Hinter der Schule hat sie eine Gießkanne versteckt, sie plant, die Schule anzuzünden. Sie hat ein Versteck im Gebüsch, dort in der Bude schläft sie, dort ist ihre Feuerstelle, sie hat ein Huhn gerupft und gebraten. Sie muss irgendwo in der Nähe sein, sie hat einen Tunnel unter den Bäumen gegraben, dort versteckt sie sich am Tag und beobachtet die Schule.

(von einer Gruppe Zweit- und Drittklässler)

35 / Frag doch mal die Maus!

Aufgabe: Fragen über Fragen
Altersgruppe: ab 7 Jahre
Zeit: 45 Minuten

»Die Sendung mit der Maus« ist seit mehr als drei Jahrzehnten vor allem deshalb beliebt, weil sie Kindern anschaulich und in verständlicher Sprache Fragen beantwortet, über die Erwachsene selten nachdenken. Zum Beispiel wie die Streifen in die Zahnpasta kommen oder warum die Banane krumm ist. Meistens haben Kinder eine Menge origineller Fragen, die wiederum Material für originelle Geschichten sein könnten.

Die Schüler werden aufgefordert, Fragen zu stellen, die der Schreiblehrer auf einem großen Blatt notiert. Dabei darf alles gefragt werden, es kann eine Menge Quatsch dabei sein. Nach ca. 15 Minuten müsste ein ganzer Fragenkatalog entstanden sein, etwa: Warum ist die Erde rund? Warum ist der Bär dick? Wer hat die Buntstifte erfunden? Warum haben Zebras Streifen? Wer hat die Schule erfunden? Warum sind wir auf der Welt? Warum sind manche Leute blond und andere dunkelhaarig? Warum sind die Blumen bunt? Warum sind Mäuse schlau? (Fragen aus einer Gruppe Zweit- und Drittklässler)

Fällt niemandem mehr eine Frage ein, können wir mit den Antworten anfangen. Da wir nun aber nicht so schlau sind wie die Maus (die ja auch ein Team von Fachleuten zur Seite hat), greifen wir auf unsere Fantasie zurück und überlegen gemeinsam, warum z.B. das Zebra Streifen haben könnte. Sah es vielleicht erst aus wie ein normales Pferd und hat es sich dann versehentlich auf einen frisch aufgemalten Zebrastreifen gelegt? Oder haben ihm die Affen einen Streich gespielt und es in der Nacht angemalt? Gemeinsam denken wir uns nicht ganz ernstgemeinte Geschichten aus.

Anmerkung:
Manche Leute stören sich daran, mit Kindern Quatsch zu erfinden. Sie meinen, davon würden Kinder dumm (was ich bezweifle).

Wer um die Bildung der Kinder fürchtet, kann natürlich anschließend die Frage noch einmal korrekt beantworten.

Anmerkung 2:
»Frag doch mal die Maus« heißt das Buch, erschienen im Verlag cbj, München, in dem die Fragen der Kinder zusammen mit den Antworten der Maus veröffentlicht sind.

Beispieltext:
Warum sind Blumen bunt?
Früher waren alle Blumen grau und sie waren sehr traurig, weil das Gras so schön grün war und der Himmel blau und die Sonne gelb. Die Blumen fühlten sich hässlich. Sie wünschten sich Farbe. Da kam eine Fee vorbei und erfüllte ihnen den Wunsch. Und seitdem sind die Blumen nie wieder grau gewesen.

(Lukas, 10 Jahre)

36 / Von Quatschnachrichten und komischen Horoskopen

Aufgabe: Zeitungen machen
Altersgruppe: ab 7 Jahre
Zeit: 60 – 90 Minuten (oder länger)

Das Wetter von morgen, die Fußballergebnisse, Horoskope, Autowerbung, Rätsel, Klatsch und Tratsch und die neuesten Nachrichten – das alles finden wir in der Zeitung. Das meiste kommt allerdings ziemlich trocken daher und ist für Grundschüler nicht gerade interessant. Wenn aber die Nachrichten mal anders wären? Wenn da etwas über Pippi Langstrumpf beim Walreiten stünde? Oder wenn der Wetterbericht statt Hagel und Graupel Regenwürmer ankündigte? Was würden Kinder gern in der Zeitung lesen?

Der Schreiblehrer stellt den Schülern einen Schwung Zeitungen zur Verfügung, aus denen sie Fotos und Artikel herausschneiden dürfen. Die Schnipsel können so auf großformatige Papiere geklebt werden, dass es vom Layout her an Zeitung erinnert. Dazu sollten eigene Texte geschrieben werden. Was könnte gestern alles passiert sein? Vielleicht ist das Stachelschwein aus dem Zoo entwischt und in die Schule geschlichen? Welcher Werbeslogan könnte zu diesem Foto passen? Und müssen Horoskope immer langweilig sein?

Anmerkung:
Diese Aufgabe lässt sich auch über mehrere Unterrichtsstunden verteilen. Es könnten z.B. Interviews mit Lehrern, dem Hausmeister, der Putzfrau etc. geführt werden und kleine Texte dazu entstehen. Es könnten eigene Bilder eingeklebt und Kritiken geschrieben werden, beispielsweise zu Filmen, Büchern oder Imbissbuden. Rätsel, Witze,

Gedichte – was auch immer den Schülern einfällt. Je nach Alter der Schüler kann die Zeitung mehr oder weniger aufwändig gestaltet werden.

Beispieltexte:
Die Suche – Gestern ist ein Legostein von einer gewissen Jenna verschwunden. Tausend Leute suchen schon. Helfen Sie mit! Übrigens, der Legostein war grün.

Burger King macht zu – dieses schöne Essen, es macht einfach dicht.

Mord – Dieser Mann hat gestern eine Frau getötet. Das war der Mord.

(Teresa, 8 Jahre)

Gestern ist das Pferd zur Kirmes gegangen und hat sich Zuckerwatte gestohlen. Der Hund hat sich das Bein gebrochen. Dann ist er zum Krankenhaus gegangen und hatte kein Geld. Die Katze ist von der Treppe gefallen. Der Hase hat sich in einem Labyrinth verirrt. Wenn Ostern auf Weihnachten fällt, werde ich kreidebleich.

(Denise, 9 Jahre)

37 / Wir ziehen los und erleben was

Aufgabe: Verrückte Märchenabenteuer
Altersgruppe: ab 7 Jahre
Zeit: mindestens 45 Minuten

Man merkt schnell, die Fantasie der Kinder wird stark von Computerspielen und anderen interaktiven Games beeinflusst. Die Schüler sind gewohnt, in virtuellen Welten als Held zu agieren. Dort lösen sie Kriminalfälle, entdecken antike Schätze, bekämpfen Drachen und böse Trolle und schlüpfen in immer wieder neue Figuren. Ob wir das nun gut finden oder nicht, die meisten Schüler möchten selbst Protagonisten sein und nicht immer nur über andere lesen. Warum also nicht mal eine Geschichte schreiben, in der die Schüler selbst vorkommen?

Zunächst überlegen wir, welche Art von Geschichte geschrieben werden soll. Ein Märchen, ein Krimi, eine Tiergeschichte? Natürlich können wir auch etwas mischen, z.B. ein Märchen, in dem ein Detektiv einen Fall zu lösen hat. Als Nächstes sollten wir uns auf die Figuren einigen. Wer soll mitspielen? Die gute Fee, die böse Hexe, der Teufel, oder die böse Fee und die gute Hexe, ein Hase, Katze und Fuchs? Wenn die Gruppe zu groß ist, sollten wir Kleingruppen bilden, sodass nicht mehr als sieben oder acht Schüler an einer Geschichte beteiligt sind, sonst wird es zu unübersichtlich. Jeder Schüler sollte seine Figur zumindest grob entwerfen, sie vielleicht zeichnen und festlegen, welche Eigenschaften sie besitzt. Dann kann in der Gruppe beratschlagt werden, wie die Handlung der Geschichte auszusehen hat. Dabei sollte der Schreiblehrer die klassischen Plots anbieten:

a) Jemand macht sich auf, einen Schatz, ein unbekanntes Land, einen verlorenen Bruder, etc. zu finden. Auf dem Weg dahin passieren eine Menge Abenteuer.

b) Der Ring der Prinzessin/ der Kessel der Hexe/ die Perücke des Teufels, etc. wird gestohlen. Wer den verlorenen Gegenstand wiederfindet, bekommt eine Belohnung. Aber auf der Suche lauern Gefahren.

Mithilfe eines klassischen Handlungsfadens kann jede Gruppe ihre Personen agieren lassen und eine kurze Geschichte schreiben.

Anmerkung:
Die Schüler identifizieren sich mit ihrer Figur und können so über mehrere Unterrichtsstunden konzentriert an der Geschichte arbeiten. Am Ende könnte ein Heft oder Buch entstehen, in dem die Texte zusammen mit den Zeichnungen der Schüler präsentiert werden, eben ein »richtiges« Bilderbuch für jeden, der daran mitgewirkt hat.

Beispieltext:
Das verlorene Einhorn
… Die Prinzessin war nun wieder aufgewärmt, ihre Lippen waren nicht mehr blau und ihre Wangen leuchteten rot. Alle saßen am Feuer und wärmten sich.

»Wo ist denn die Höhle des Räubers?«, fragte die Fee das Einhorn. Es wollte gerade antworten, da knackte etwas hinter ihnen und der Räuber steckte seinen Kopf durch einen der Büsche. Die anderen erschraken, als der Räuber den Arm hob und etwas ins Feuer warf. Funken sprühten, es zischte und der Räuber lachte laut.

Es war eine Schlafbombe, die der Räuber geworfen hatte. Im nächsten Augenblick waren alle, die am Feuer gesessen hatten, eingeschlafen. Der Räuber lachte noch lauter, schnappte sich die Prinzessin und nahm sie mit in seine Höhle.

Nach einiger Zeit erwachten die anderen und merkten, dass die Prinzessin verschwunden war. Unglücklich sahen sie sich um. Da entdeckte die Vogelspinne ein Stückchen Taschentuch mit einer gestickten Krone darin. Der Detektiv nahm seine große Lupe aus der Tasche, und nach und nach fanden sie noch mehr Stückchen vom Taschentuch der Prinzessin. Der See, in den sie gefallen war, war nämlich voll mit Zauberwasser gewesen, deshalb hatte die Schlafbombe an ihr nicht gewirkt. So erreichten sie schnell den Eingang der Räuberhöhle.

Als der Räuber die anderen sah, wollte er noch eine Schlafbombe werfen, aber sie rutschte ihm aus der Hand und fiel ihm auf den Kopf und so schlief er selbst ein. Daraufhin fesselten ihn die anderen und gingen tiefer in die Höhle und fanden dort die Prinzessin und das Einhorn, die beide gefesselt in einer Ecke kauerten. Sie befreiten die beiden und wollten so schnell wie möglich aus der Höhle heraus. Aber sie konnten den Ausgang nicht finden. Die Höhle war nämlich ein Labyrinth, und nach einiger Zeit merkten sie, dass sie im Kreis gegangen waren.

Nun war aber auch der Räuber wieder aufgewacht. »Verrat uns, wo es zum Ausgang geht!«, riefen die anderen, und erst wollte der Räuber nichts sagen, dann aber überlegte er es sich anders. »In Ordnung«, sagte er, »wenn ihr mich losbindet, bringe ich euch hier raus«, und als sie aus der Höhle ins Freie kletterten, wollte sich der Räuber ihnen anschließen und nicht mehr länger böse sein.

Alle zusammen gingen nun zum Schloss und feierten eine tolle Party.

(Gruppe Zweit- und Drittklässler, die an dieser Geschichte mehrere Wochen lang arbeitete)

38 / Scrabble

Aufgabe: Aus Buchstaben Fantasiewörter schöpfen
Altersgruppe: ab 8 Jahre
Zeit: 15 Minuten

Als Spiel für Zwischendurch eignet sich das gute alte Scrabble. Die Buchstaben werden auf dem Tisch verteilt, und jeder Schüler versucht, ein, zwei oder drei neue Worte zu kreieren.

Beispieltext:
Vogelhund-WC
Marienkutter
Ölpapa im Ägyptenbuch
Vogeleiche
Kinderbär
Querjacke
(Sofie und Stella, 8 Jahre)

39 / Dinge, die ich auf eine einsame Insel mitnehmen würde

Aufgabe: Drei Dinge, auf die ich nicht verzichten möchte
Altersgruppe: ab 8 Jahre
Zeit: 15 Minuten

Der Lieblingsfüller, das Kopfkissen, Schokolade – oft sind es Kleinigkeiten, die wir nicht missen möchten.

Die Schüler stellen sich vor, sie würden gleich morgen aufbrechen in ein anderes Land, auf eine einsame Insel, in den Weltraum, wohin auch immer. Was müsste unbedingt mit? Worauf würden sie auf keinen Fall verzichten wollen? Und warum nicht?

Es kann eine Liste mit verschiedenen Dingen erstellt werden, auf ein oder zwei Gegenstände sollte genauer eingegangen werden. Warum ist euch gerade das so wichtig? Was verbindet ihr damit?

Anmerkung:
Diese Übung eignet sich gut zum Kennenlernen.

Beispieltext:
Drei Dinge mit auf eine Insel. Was würde ich nehmen? Spontan hätte ich gesagt: mein Skateboard, mein PC inklusive Boxen, und mein Schlagzeug …

Alles gut und schön, aber was habe ich davon, auf einer einsamen Insel? Der Sand zerstört meine Kugellager, mein PC hat weder Strom noch Internet, und Schlagzeug spielen wird mit der Zeit auch langweilig. Also, was soll ich mitnehmen?

Als zweites würde mir einfallen: Essen, Trinken und vielleicht ein Messer, dann wäre ich zumindest schon mal so weit, mich ernähren zu können. Allerdings glaube ich, dass ich das Messer spätestens drei Wochen später gegen mich selbst richten würde, weil ich es ohne Menschen nicht aushalten würde. Aristoteles hatte doch Recht. Ich glaube, das Wichtigste, was man mitnehmen sollte, sind ein Freund, eine Freundin und Essen. Aber ganz ehrlich? Ich würd eine Yacht mitnehmen, dann bin ich da schnell wieder weg …

(Marvin, 15 Jahre)

40 / Grün, blau, Wasser

Aufgabe: Assoziationsketten
Altersgruppe: ab 8 Jahre
Zeit: 15 – 20 Minuten

Ein Wort führt zum nächsten, sagen wir häufig, und so ist es auch. Der eine sagt »blau«, der andere »Wasser«, dem Dritten fällt dazu »Milch« ein, dem Vierten die »Kuh« und der Fünfte muss an »Schnitzel« denken. Assoziieren macht den Kopf frei und bringt Spaß in die Gruppe.

Der Schreiblehrer gibt ein beliebiges Wort in die Gruppe. Das kann eine Farbe sein, ein Tier, eine Pflanze, ein Gefühl, ganz egal. Nun geht es reihum, jeder sagt möglichst spontan, was ihm als Erstes dazu in den Sinn kommt. Das darf individuell sein, jeder hat eben andere Assoziationen. Und so geht es der Reihe nach weiter. Das Spiel kann mehrere Runden gespielt werden, etwa 10 bis 15 Minuten.

Anmerkung:
Meistens bekommen die Schüler davon gar nicht genug. Dabei ist es egal, mit welcher Altersgruppe diese Übung durchgeführt wird, selbst jüngere Schüler können das gut, wenn sie es auch manchmal als Gelegenheit nutzen, Wörter in den Raum zu rufen, die sie sonst nicht sagen dürfen.

Beispieltext:
Grün, blau, Wasser, Meer, Delfin, Muscheln, Sand, Wiese, Gänseblümchen, Löwenzahn, Kaninchen, Möhren, Erbsen, Kartoffeln, Pommes, Schwimmbad, Badehose, Seepferdchen, Wasser, nass, kalt, frieren, Iglu, Schneeball, Nulli und Priesemut, Maulwurf, …

41 / Ist das wahr?

Aufgabe: Lügengeschichten
Altersgruppe: ab 8 Jahre
Zeit: 20 Minuten

Zum Geschichtenschreiben gehört selbstverständlich auch das Lügen oder netter gesagt: das Fantasieren. Auch wenn wir Selbsterlebtes schreiben, können wir nach Lust und Laune lügen, um die Spannung zu steigern und Überraschungen einzubauen. Manchmal gibt es da allerdings eine gewisse Scheu. Es war aber doch so und nicht anders!, verteidigen wir unser Selbsterlebtes, wenn wir dicht an der Wahrheit geblieben sind, darunter aber die Dramaturgie der Geschichte leidet.

Die Schüler werden aufgefordert, in ein, zwei Sätzen Dinge aufzuschreiben, die sie gemacht oder erlebt haben. Nur eins davon sollte tatsächlich wahr, die anderen beiden Dinge erfunden sein. Wenn jeder seine drei kurzen Texte geschrieben hat, werden sie vorgelesen, und die anderen raten, was stimmt und was gelogen ist.

Anmerkung:
Diese Übung eignet sich gut als Kennlernspiel bzw. zum Aufwärmen und als Einstieg in das Schreiben von Geschichten.

Beispieltext:
1. Ich hatte mal eine Tasche mit einem Löwen darauf.
2. Ich habe mir neulich das Lied »Junge« zwölfmal hintereinander angehört.
3. Als ich mir meinen Tornister ausgesucht habe, gab es im Laden auch einen Tornister mit Pettersson und Findus.
   (Leander, 8 Jahre)

Richtig ist übrigens Nr.3 – ungelogen!

42 / Trauriger Tiger toastet Tomaten

Aufgabe: Alliterationen
Altersgruppe: ab 8 Jahre
Zeit: 20 Minuten

»Heute üben wir mal Alliterationen« – zugegeben, das klingt nicht sehr verlockend. Sagen wir es mit den Worten von Nadia Budde: »Trauriger Tiger toastet Tomaten«. Das gleichnamige Bilderbuch bietet Alliterationen zu jedem Buchstaben, zusammen mit lustigen Zeichnungen. Das Schönste daran: Es ist alles ziemlicher Quatsch. Oder hat schon mal jemand von Katzen in Kittelschürzen gehört oder von sektschlürfenden Salamandern, die mit Senfglasdeckeln werfen?

Jeder Schüler bekommt drei Buchstaben, mit denen er experimentieren darf. Alles ist erlaubt. Etwa zehn Minuten schreiben.

Anmerkung:
Ältere Schüler rümpfen zunächst die Nase, wenn sie mit solchem Blödsinn konfrontiert werden. Meist legt sich der Widerwillen aber schnell, und am Ende hatten alle viel Spaß. Von daher eignet sich die Übung gut zum Aufwärmen, anschließend ist man gelockert genug, um sich unverkrampft an anspruchsvollere Aufgaben heranzuwagen.

Beispieltexte:
Junge Jagdhunde jaulen in juckenden Jesuslatschen. Japaner mit Jutetaschen jodeln in Jerusalem.

Ein emsiger Elefant ekelt sich vor eingemachter Entenbrust und eiskalten Esskastanien. Erntefrischen Edelspargel essen emsige Elefanten dagegen gern.

43 / König von Deutschland

Aufgabe: Das alles und noch viel mehr …
Altersgruppe: ab 8 Jahre
Zeit: 20 Minuten

»Wie es wäre, wenn ich nicht der wäre, der ich bin, sondern Kanzler, Kaiser, König oder Königin …« heißt es in Rio Reisers Lied »König von Deutschland«. Da dürfen Autos und Socken nicht mehr stinken, bei der Bundeswehr gibt es nur noch Hitparaden und jeder Tag im Jahr ist Geburtstag. Schön ist, wenn der Schreiblehrer den Schülern Reisers Lied vorspielen kann, ansonsten geht es natürlich auch so (viele kennen den Song). Die Schüler sollten überlegen, was sie verändern würden, wenn sie König oder Kanzler von Deutschland wären. Vielleicht gäbe es jeden Tag Schokopudding oder hitzefrei und statt Rolltreppen überall Rutschen?

Beispieltext:
Ich bin die Tierkönigin. Ich habe einen Zoo. Darin ist ein Bär, eine Schildkröte, ein Pinguin, ein Igel, ein Regenwurm, ein Meerschwein, ein Dackel, ein Schmetterling, eine Libelle und Vögel. Und das sind meine Gesetze: Dass alles günstig ist. Es gibt keinen Fußball. Dass es nur noch Blumen überall gibt.

(Stella, 8 Jahre)

44 / Vom Lesen

Aufgabe: Mein wichtigstes Buch
Altersgruppe: ab 8 Jahre
Zeit: 20 – 30 Minuten

Während wir uns beim Huhn und dem Ei nie sicher sein können, was von beidem zuerst da war, ist die Sache beim Lesen und Schreiben einfach: Natürlich ist beides untrennbar miteinander verflochten, wir schreiben und lesen das Geschriebene und schreiben es um und lesen weiter. Dennoch ist es erst das Lesen, die Liebe zu Geschichten und Büchern, die in uns den Wunsch weckt, selbst zu schreiben. Plötzlich ist da dieses Buch, das wir atemlos verschlingen, wir reisen mit Pippi Langstrumpf ins Taka Tuka Land, fliegen auf Harry Potters Besen, entdecken Schätze mit TKKG. In den späten Siebzigern lief wöchentlich »Lemmy und die Schmöker« im Fernsehen. Der Bücherwurm Lemmy, der in einem Bücherregal lebte, fraß sich Sendung für Sendung durch irgendwelche Kinderbücher. Sobald er sich durch den Einband gebissen hatte, war er mittendrin in den abenteuerlichsten, fantastischsten, schönsten Geschichten. Und genau das ist das Schöne beim Lesen: Dass wir in fremde Welten eintauchen, die Dinge auf einmal mit anderen Augen sehen.

Die Schüler werden aufgefordert, sich zu erinnern, welches Buch ihnen besonders gefallen hat. Welches war oder ist euer Lieblingsbuch? Was gefiel oder gefällt euch daran so gut? Gibt es Bücher, die euch längere Zeit beschäftigt haben? Bücher, die euch beeinflusst haben? Schreibt ein paar Sätze dazu!

Anmerkung:
Manchmal sagen Schüler, sie hätten überhaupt noch nie ein Buch gelesen. Dann kann die Aufgabe so erweitert werden, dass sie Geschichten benennen, die ihnen erzählt oder vorgelesen wurden und die ihnen besonders gefallen haben.

Zweite Anmerkung:
Unter dem Titel »Mein erstes Buch – Autoren erzählen vom Lesen«, Fischer Taschenbuch Verlag 2002, finden sich Anekdoten und Erinnerungen von 36 Schriftstellern wie Thomas Mann, Arno Schmidt, Franz Kafka, etc. über ihre ersten Erfahrungen mit Büchern.

Beispieltext:
Das Buch »Wir Kühe« hat mich besonders beeinflusst. Es geht um ein normales Mädchen auf einem Bauernhof. Eines Tages kommt der Footballstar der benachbarten Highschool auf diesen Hof, um dort zu arbeiten. Sie freunden sich an und gemeinsam erleben sie viele schöne Tage und auch ein paar Abenteuer. Ich finde das Buch toll, weil es zeigt, dass man auch im normalen Leben etwas Außergewöhnliches erleben kann.

(Nina, 14 Jahre)

45 / Mein schönstes deutsches Wort

Aufgabe: In die Wörter hineinhorchen
Altersgruppe: ab 8 Jahre
Zeit: 30 Minuten

Beim Internationalen Wettbewerb des Deutschen Sprachrats im Sommer 2004 wurde in Anzeigen dazu aufgerufen, das »liebste, schönste, kostbarste deutsche Wort, das Wort, das Ihnen von allen Wörtern am besten gefällt«, einzusenden. Weiter hieß es: »Auch auf die Begründung kommt es an!« Unter dem Foto eines verschmitzt dreinblickenden Jungen war »Ich hab Teufelsbraten eingereicht« zu lesen, der Mann mit den grauen Schläfen ließ verlauten: »Mein Favorit ist Rapunzelsalat«, und die junge Frau nennt »Sinnlichkeit« als ihr Lieblingswort.

Es wurden Wörter eingereicht wie Kulturbeutel, trödeln und Wonneproppen, Lodenmoden, vielleicht und Pampelmuse. Gewonnen haben letztendlich Habseligkeiten, Augenblick und Rhabarbermarmelade, und bei den Kindern das Wort »Libelle«.

Die Schüler werden aufgefordert, sich Gedanken zu machen über ihr Lieblingswort. Wörter können Schätze sein, nicht umsonst sprechen wir von unserem »Wortschatz«. Welches Wort hat eine besondere Bedeutung für euch? Warum mögt ihr es? Erinnert es euch an etwas? Oder gefällt euch der Klang? Was ist das Besondere an eurem Wort?

10 Minuten schreiben, vorlesen.

Die Wörter der Gruppe sollten gesammelt werden, etwa an die Tafel oder in ein Heft geschrieben werden, um die Vielfalt der besonderen Wörter zu zeigen.

Erweiterung: Ausgehend von unserem schönsten Wort schreiben wir einen kurzen Text oder ein Gedicht.

Anmerkung:
Die Schüler beginnen, Wörter mit allen Sinnen wahrzunehmen, in sie hineinzulauschen, zu schmecken, zu riechen, zu tasten. Zugleich sagt mein Lieblingswort viel darüber aus, was ich für ein Mensch bin, weshalb diese Aufgabe eine gute Möglichkeit zum gegenseitigen ersten Kennenlernen bietet.

Beispielwörter:
Ferien, Teletubbies, Pups, Gummibärchen, Harmonie, Flamme, Möglichkeiten, Schlaf, treffen, Rotzlöffel, Arschgeige, …

Beispieltext:
Mein schönstes deutsches Wort lautet »Schlaf«, dieses Wort muss man sich auf der Zunge zergehen lassen, es drückt durch das wundervoll lang gezogene »a« die Trägheit aus, die man verspürt, wenn man schlafen möchte. Das Wort allein verkörpert all die Dinge, die man mit dem Schlafen verbindet, die Müdigkeit am Anfang, das erholsame Wirken des Schlafes, das langsame Erwachen.

Man muss nur einmal versuchen, dieses Wort zu gähnen, und schon weiß man, was es für eine immense Bedeutung im Leben jedes Menschen hat. Ein Leben ohne Schlaf, wer kann sich das schon vorstellen, besser gesagt, wer möchte sich das schon vorstellen?

Eine weiche Matratze, die entspannend wirkt, ein Kissen, in das man sich vergraben kann, eine kuschelige Decke, unter die man sich im Winter verkriechen kann. An all das muss ich denken, wenn ich das Wort »Schlaf« vernehme.

(Lisa, 17 Jahre)

46 / Auf der Suche nach dem See-Ungeheuer

Aufgabe: Wo steckt Nessie?
Altersgruppe: ab 8 Jahre
Zeit: 30 Minuten

»Nessie ist untergetaucht – See-Ungeheuer wird kaum noch gesichtet« – lautet die Überschrift in der Zeitung. Während sich Nessie vor zehn Jahren noch knapp 20 Mal zeigte, gab es im Jahr 2006 nur drei Sichtungen, berichtet »The Times«. Was ist los mit Nessie? Wo hält sich das schottische Ungeheuer versteckt? Hat es sich in eine Höhle verkrochen oder in eine einsame Burg oder hat einen Weg gefunden hinaus aufs offene Meer? Ist es krank? Oder stimmt die Theorie eines sogenannten »Monsterexperten«, dass es früher bis zu 30 Ungeheuer im Loch Ness gab, heute aber, etwa wegen Umweltverschmutzung, nur noch ein halbes Dutzend übrig ist?

Die Schüler werden aufgefordert, gedanklich nach Schottland zu reisen, zu den Ufern des dunklen Loch Ness. Nebel wabert über dem Wasser, der Wind pfeift, und drüben auf dem Hügel zeichnen sich die Umrisse einer alten Burg ab. Während ihr den matschigen Pfad runter zum See geht, nehmt ihr plötzlich eine Bewegung wahr. Was war das für ein Geräusch? Und da …

Schreibt einen Augenzeugenbericht über eure Begegnung mit Nessie. Was habt ihr gesehen? Was habt ihr erfahren? Wisst ihr, warum sich Nessie nur noch selten zeigt?

Anmerkung:
Spätestens, seitdem die Reisen des Kuschelhasen Felix im Kino liefen, kennen auch jüngere Schüler das berühmte See-Ungeheuer.

Beispieltext:
Ich sah plötzlich eine schwarze Flosse, die durch den Nebel schimmerte. Ich hatte Angst. Was passiert, wenn Nessie oder ein anderes Ungeheuer auf mich zukommt? Die funkelnden Augen musterten mich gespannt. Es kam näher und näher. Plötzlich vernahm ich eine Stimme, die schwach und gruselig klang. »Ich bin Nessie, vertrau mir! Ich erzähle dir ein Geheimnis.« Nessie sagte, dass ein Tunnel unter der Burg in den Atlantik führt. Die Leute der Burg haben einen Tunnel für den Schutz der Belagerung gegraben, der in einer verlassenen Dudelsackwerkstatt ist. Sie erzählte auch, dass diese Werkstatt jetzt im Meer liegt. Der Wasserspiegel ist so gestiegen, dass das Dorf eine versunkene Stadt geworden ist. Leider können wir nur Süßwasser vertragen, von Salzwasser sterben wir. Jetzt kennst du das Geheimnis, aber du darfst es keinem sagen.«

Nach meinem schottischen Urlaub behielt ich das Geheimnis für mich. Kein Mensch erfuhr jemals das Geheimnis von Loch Ness.

(Kilian, 10 Jahre)

47 / Was in den Köpfen so vorgeht

Aufgabe: Mutmaßungen über Leute auf Fotografien
Altersgruppe: ab 8 Jahre
Zeit: 30 Minuten

Wollen wir nicht immer nur über uns schreiben, brauchen wir Empathie und Fantasie. Was in den Köpfen anderer Leute wirklich vor sich geht, können wir natürlich nicht wissen, wir können aber Mimik und Gestik lesen und uns unsere eigenen Gedanken dazu machen.

Der Schreiblehrer sucht aus der Zeitung/ Illustrierten ein Foto heraus, auf dem mehrere Personen, mindestens drei, besser vier oder fünf, mit unterschiedlichen Gesichtsausdrücken zu sehen sind. Die Schüler sollten mindestens drei Personen auswählen und sich überlegen, was diese gerade denken. Schreibt kurze Texte in der Ich-Form. Achtet auf unterschiedliche Temperamente, auf unterschiedliche sprachliche Ausdrucksweisen.

Anmerkung:
Die Übung eignet sich gut zum Aufwärmen, weil es dabei meistens viel zu lachen gibt.

Beispieltext:
1. Ibrahim, der tanzende Polizist:
Yeeehaaa! Jetzt gehe ich hier voll ab, ich hab die Show voll drauf! Hoch das linke Bein, jetzt das rechte, und grinsen und singen, die Hände zu Fäusten und Yeeehaa! Tanzen, tanzen, einmal drehen, bald stehe ich auf der großen Bühne, bald tanzt die halbe Welt mit mir mit, ich bin sooo gut, ich tanze bis zum Umfallen!

2. Wassily mit Akkordeon:
Der Ibrahim geht ja wieder gut ab, ist schon ein bisschen peinlich. Hoffentlich merkt keiner, dass der sich wieder mit Drogen vollgepumpt hat, die wir vorher bei der Razzia konfisziert haben. Wenn der so weitermacht, steht hier gleich das komplette Dorf, na ja, ich spiele einfach weiter, dann muss ich nicht weiter nachdenken.

3. Igor, der Dicke:
Hehe, ich weiß zwar nicht, worum es hier geht, aber das ist wirklich eine lustige Gaudi. Das schau ich mir gern an, dieser Mann mit Uniform ist ganz schön spaßig, hihi.

4. Der alte Mann:
Erst nimmt der mir die Drogen weg und dann zieht er hier auch noch so eine Show ab, diese blöden Bullen, die kann man echt in die Tonne kloppen! Ich geh mir lieber einen Joint schnorren, sonst bleiben meine Mundwinkel so stehen.

(Lisa, 18 Jahre)

48 / Du bist nicht durchsichtig

Aufgabe: Von Glasmenschen
Altersgruppe: ab 8 Jahre
Zeit: 30 Minuten

»Japaner züchten durchsichtigen Frosch für die Krebsforschung« steht in der Zeitung. Daneben ist ein Foto, das einen Frosch zeigt, dessen Organe durch die Haut sichtbar sind. Heute sind es Frösche. Was wäre, wenn es morgen auch durchsichtige Menschen gäbe? Was, wenn wir aus Glas bestünden?

Menschen aus Fleisch und Blut tragen Kleider aus Stoff, leben in Häusern aus Stein, sie essen und trinken und gehen an der frischen Luft spazieren. Und die Menschen aus Glas? Können sie in ihren Glasköpfen gegenseitig die Gedanken lesen? Was ist, wenn sie hinfallen und ihre Beine zersplittern? Wo wohnen sie und was machen sie in ihrer Freizeit? Und was ist mit Menschen aus Eis? Leben sie im Kühlschrank oder in Iglus? Und die Schokoladenmenschen? Wie sieht ihr Alltag aus? Wie unterscheidet er sich von dem der Holzmenschen, Stoffmenschen, Matschmenschen, Lebkuchenmenschen usw.?

Die Schüler werden aufgefordert, sich vorzustellen, wie es wäre, wenn sie aus einem anderen Material bestünden. Entwerft eine Welt für Glasmenschen, Schlammmenschen, Steinmenschen, ... Wo leben sie? Was machen sie? Wie sehen ihre Schulen aus? Wie spielen die Kinder?

Beispieltext:
Ich muss in die Schule, aber ich habe Bauchschmerzen. Meine Mutter sagt: »Zieh mal das T-Shirt aus!« Wir gucken auf meinen Bauch. Es sieht darin aus wie in einer Waschmaschine. Lauter bunte Sachen sind da durcheinander. Meine Mutter sagt: »Aha, du hast zu viele Gummibärchen gegessen! Kein Wunder, dass du Bauchschmerzen hast.« Und ich muss trotzdem in die Schule.

(Dennis, 10 Jahre)

49/Was passiert dann …?

Aufgabe: Weiterspinnen von Geschichten
Altersgruppe: ab 8 Jahre
Zeit: 30 – 45 Minuten

Das kennen viele von uns aus der Sesamstraße: Bert zeigt Ernie ein Bild und Ernie bricht in Tränen aus. Bert ist ratlos: »Ernie, was hast du denn, da ist doch bloß ein kleines Mädchen mit roter Tasche.« »Ach, Bert, es ist so traurig. Das kleine Mädchen hat einen schönen roten Apfel in der Tasche und es geht los, seine Oma besuchen. An der nächsten Häuserecke aber liegt eine Bananenschale, und das Mädchen wird darauf ausrutschen, und dabei fällt ihr die Tasche aus der Hand, und der Verschluss springt auf und der Apfel rollt auf die Straße. Gerade in dem Moment kommt ein Auto und überfährt den schönen roten Apfel und das Mädchen hat nichts mehr zu essen.«

Worauf Bert immer noch ratlos ist …

Als Schreiblehrer sollte man sich am besten einen Fundus an Bildern anlegen, auf denen irgendwelche Situationen zu sehen sind. Das kann ein parkendes Auto vor einer Reihenhaussiedlung sein, am Straßenrand wartet eine Person im langen Mantel. Oder ein Junge, der nachts vor der Haustür sitzt. Ein Mädchen mit einer Luftmatratze unter dem Arm mitten im Regen. Eine alte Frau mit einem gepackten Koffer. …

Es gibt Bildbände von Fotokünstlern, die sich mit solchen Themen beschäftigen, etwa Anja Jensen oder Gregory Crewdson, wir können aber natürlich auch eigene Fotos verwenden oder sie aus Zeitungen/Illustrierten herausschneiden.

Die Schüler bekommen ein Foto gezeigt. Was seht ihr darauf? Und nun lasst eurer Fantasie freien Lauf. Was könnte als Nächstes passieren? Worauf wartet der Junge vor dem Haus? Kommt da nicht ein Auto die Einfahrt hochgefahren? Wer sitzt darin? Steigt der Junge ein? Wohin fährt er? …

Anmerkung:
Bei dieser Übung können die Schüler oft »stundenlang« schreiben, aber meist verlieren sie sich in zu groß angelegten Geschichten. Am besten, die Schreibzeit wird von vornherein nicht so lang bemessen, 20 Minuten sollten reichen.

Beispieltext:
Wieder
Ich hatte schon in der Scheune gesucht, zwischen all dem Stroh, den Futtertrögen. Ich war schon in den Stall zu Emma gegangen, die uns in so vielen Situationen Trost spendete, mit ihrer ruhigen, gemächlichen Art, mit der Wärme, die sie ausstrahlte, ihr leises, gleichmäßiges Schnaufen. Ich war in den Wald gegangen, im Dunkeln. Alleine.

Hatte unsere Hütte aufgesucht, an der wir so lange gearbeitet hatten, in der wir so viele Stunden verbracht hatten, im schimmernden Licht der Kerzen, die wilde, zuckende Schatten an die morschen Holzbretter warfen.

Mutter und Vater hatten sich wieder gestritten.

Lauter werdende Stimmen aus der Küche, die mich aus der Welt meines Buches aufschrecken ließen, in der ich mich so gerne versteckte. Gebrüll.

Vaters aggressive Stimme, Mutters aufgeregte, schwache Gegenwehr.

Ein Klirren. Schreie. Wimmern.

Und dann diese Stille.

Er hatte es wieder getan.

Ich wollte nach ihr sehen, zusammen mit ihr diese alles umhüllende, ungewisse Stille überwinden, mit ihr warten. Meine Tränen laufen lassen.

Wie wir es so oft taten, nebeneinander saßen wir auf ihrem Bett, abwartend, erwartend. Ich wollte wie immer zu ihr gehen, aber das Zimmer war leer.

Und ich war alleine.

(Lisa, 17 Jahre)

50 / Die ideale Schule

Aufgabe: Fantastische Geschichten
Altersgruppe: ab 8 Jahre
Zeit: 30 – 45 Minuten

Wie stellen sich Schüler die ideale Schule vor? Statt Tafel einen großen Flatscreen? Polstersessel und Sofas anstelle von Stühlen? Auf dem Pausenhof einen Pool mit Palmen? Und anstatt Lehrer übernehmen Roboter den Unterricht oder die Schüler selbst? Der Schreiblehrer notiert die Ideen auf der Tafel oder einer großen Pappe.

Nun sollen sich die Schüler vorstellen, dass ihre ideale Schule bereits existiert. Alles, was ihr euch nur wünscht, ist bereits vorhanden, hinter einer geheimen Tür sorgfältig versteckt. Vielleicht ist euch bisher noch nie die schmale Tür aufgefallen, die im Kunstkeller hinter dem Vorhang verborgen ist. Oder im Lehrerzimmer hinter dem Aktenschrank. Aber einmal erwischt ihr den Hausmeister, als er gerade den Schrank zur Seite schiebt. Oder ihr hört den Kunstlehrer im Keller, aber als ihr die Treppe hinuntersteigt, ist er verschwunden. Ihr werdet neugierig, späht hinter den Vorhang und entdeckt die Tür. Ihr öffnet sie und dahinter, ja, was findet ihr dahinter?

Die Schüler sollen beschreiben, wie sie die Tür finden und ihre ideale Schule entdecken. Sie betreten die Räume. Wie sehen sie aus? Wer unterrichtet? Was ist anders als gewohnt? Und wie gehen die Schüler mit ihrer Entdeckung um? Bewahren sie das Geheimnis?

Anmerkung:
Parallelwelten sind ein beliebtes Thema in der Literatur. Alice berührt den Spiegel und entdeckt das Wunderland dahinter. Harry Potter muss das Gleis 9 ¾ finden, um nach Hogwarts zu kommen. Und in »Narnia« steigen die Kinder in den alten Kleiderschrank …

Beispieltext:
Ich sah, wie der Hausmeister hinter dem braunen Schrank verschwunden war und nicht wieder herauskam. Eine Zeit lang wartete ich unauffällig, dann kam unser Direktor vorbei und scheuchte mich weg. Das kam mir alles höchst verdächtig vor. Am nächsten Tag berichtete ich Larissa davon und sie fand das auch sehr seltsam, weil sie auch schon einmal den Hausmeister gesucht hatte und dieser dann vor ihren Augen einfach verschwunden war. Wir beschlossen, der Sache auf den Grund zu gehen. Wir bummelten nach dem Unterricht so lange herum, bis alle die Schule verlassen hatten, dann liefen wir in den Keller und rückten den Schrank ein bisschen zur Seite, so dass wir uns durch einen schmalen Spalt schieben konnten. Da war eine Tür, wir öffneten sie und waren in einem engen dunklen Flur. Wir liefen weiter und kamen an eine zweite Tür, wir öffneten auch diese und standen auf einmal auf einer Wiese im Sonnenlicht. Hinten sahen wir unsere Schule, aber sie sah ganz anders aus als sonst. Üppige Palmen wuchsen auf dem Schulhof, das ganze Gebäude war komplett aus Glas und sah sehr freundlich aus. Das war unsere Schule und gleichzeitig war sie es nicht. Wir gingen zum Eingang und liefen zu unserem Klassenraum. Statt der Stühle und Tische gab es gemütliche Sofaecken und hübsche Glastischchen, darin eingelassen waren Touchscreens. Es gab auch keine Tafel, sondern große Bildschirme, gute Musik klang aus dem Lautsprecher und da, wo sonst der Lehrer steht, war eine Bar, an der es Eis und tolle Säfte gab. Deshalb waren also die Lehrer in letzter Zeit so komisch gewesen. Die ganze Zeit hatten alle an unserer neuen Schule gebaut, sie sollte eine Überraschung für uns sein. Larissa und ich liefen durch den Gang zurück in die alte Schule. Wir würden den anderen noch nichts verraten, beschlossen wir.

(Marie, 16 Jahre)

51 / Lauter geheimnisvolle Dinge

Aufgabe: Besuch von Außerirdischen
Altersgruppe: ab 8 Jahre
Zeit: 45 Minuten

Eine Waschmaschine, ein Fahrrad, ein Fernseher – für uns sind das alltägliche Dinge. Was aber würde ein Außerirdischer denken, wenn er z.B. Menschen in kleinen, sprechenden Kästen sehen würde? In der Achtziger-Jahre-Fernsehserie »Fraggles« leben die koboldartigen Fraggles (Puppen mit lustigen Wuschelfrisuren) in einer Welt tief unter der Erde. Einer von ihnen ist in die Menschenwelt ausgewandert und schreibt den anderen Postkarten, in denen er seine Eindrücke über die merkwürdigen Gebräuche der Menschen schildert. Als er einmal auf einem Fest ist, wundert er sich über die Leute, die mit den Füßen den Boden fest stampfen (sie tanzen).

Die Schüler sollten versuchen, die Dinge in ihrem Umfeld mit fremden Augen zu betrachten. Stellt euch vor, ein Außerirdischer ist gerade mit seinem Ufo gelandet und besucht euch zu Hause. Was glaubt er, wozu man eine Kaffeemaschine braucht, einen Toaster, einen Computer, etc.? Denkt euch verschiedene Funktionen für die Alltagsgegenstände aus!

Beispieltext:
Mein Außerirdischer heißt A-287, er ist ganz schön dumm. Als ich ihn mit in die Küche nehme, spuckt der Toaster gerade zwei Toasts aus und der Außerirdische versteckt sich vor Angst unter dem Tisch. Ich lache ihn aus und zeige ihm, wozu man einen Toaster braucht. Er guckt und auf einmal versteht er. Er zieht seine Schuhe aus und toastet sie. »Hast du kalte Füße?«, frage ich und er zieht sich die war-

men Schuhe wieder an. Dann sieht er die Kaffeemaschine. Ich sage: »Damit kann man Kaffee kochen, das ist was zu trinken.« Er möchte lieber Saft und er quetscht zwei Orangen und vier Äpfel in den Kaffeefilter. Alles spritzt durch die Küche und ich denke, hoffentlich kommt jetzt nicht meine Mutter.

(Kilian, 11 Jahre)

52 / Ausflüge in die Zukunft

Aufgabe: Utopien
Altersgruppe: ab 8 Jahre
Zeit: 45 – 60 Minuten

Vor nicht allzu langer Zeit glaubten wir, im Jahr 2000 würden wir unsere Sommerferien auf dem Mond oder sonstwo im All verbringen. So weit ist es dann doch nicht gekommen, aber viele andere Fantasien sind heute Realität. Jules Vernes schrieb bereits im 19. Jahrhundert von U-Booten und Raumschiffen, und auch George Orwells Überwachungsszenarien gehören inzwischen zum Alltag. Was heute verrückt klingt, könnte also morgen normal sein.

Um die Schüler auf das Thema einzustimmen, könnten erst kurze Texte zur eigenen Person geschrieben werden. Es könnten z.B. folgende Sätze ergänzt werden: »Ich war ...«, »Ich bin ...«, »Ich werde ...«. Dadurch stellt sich schon ein Gefühl für Zeitzusammenhänge ein. Im zweiten Schritt kann gemeinsam überlegt werden, was sich in den letzten 100 Jahren verändert hat. Was hätte man im Jahr 1900 zu Fernsehen, Computer und Autos gesagt? Wenn wir einiges gesammelt haben, überlegen wir, was im Jahr 2100 normal sein könnte. Wie läuft in der Zukunft ein Schultag ab? Wie sieht die Schule aus? Stell dir vor, du lässt dich einfrieren und taust im Jahr 2100 wieder auf. Beschreibe, was du vorfindest!

Beispieltext:
In meinem Zimmer ist ein Bett, ein Schreibtisch mit Computer und ein automatisches Regal. Darin sind immer wieder neue Sachen, wenn ich sie mir wünsche. Und ich habe eine besondere Tür. Ich kann mir wünschen, was dahinter ist. Zum Beispiel, wenn ich an den

Strand möchte. Dann öffne ich die Tür und da sind Palmen, Sand und das Meer. Ich breite mein Handtuch auf, ziehe meine Schuhe aus und lege mich hin. Neben mir ist mein automatischer Picknickkorb. Egal, was ich mir wünsche, es ist darin.

(Teresa, 8 Jahre)

53/Unsere Stadt aus touristischer Sicht

Aufgabe: Reiseführer für Schüler
Altersgruppe: ab 8 Jahre
Zeit: 45 – 60 Minuten

Wer verreist, hat häufig einen Reiseführer im Gepäck. Welches Hotel den besten Service bietet, welche Kirche die älteste im Ort ist, welches Museum die sehenswertesten Schätze beherbergt – das alles steht im Reiseführer. Meistens sind es Dinge, die Schüler nicht besonders interessieren. Wie also sollte der Reiseführer unserer Stadt aussehen, der vor allem Kinder und Jugendliche anspricht?

Die Schüler sollten sich Gedanken darüber machen, was in einem idealen Reiseführer zu finden sein sollte. Angenommen, ihr bekommt Besuch von eurer Freundin oder eurem Freund, einer Cousine oder einem Cousin aus Osnabrück oder Plauen, was würdet ihr unbedingt zeigen? Vielleicht die beste Skaterbahn der Stadt? Die Eisdiele, in der es das leckerste Eis gibt? Auch die kleine Badebucht am Fluss? Den besten Spielplatz? Die geheimste Baumbude? Den höchsten Kletterbaum? Listet auf, was in eurer Stadt besonders ist und warum. Beschreibt eure Lieblingsorte. Erstellt einen kleinen Reiseführer.

Anmerkung:
Die Übung kann so ausgeweitet werden, dass tatsächlich ein kleiner Reiseführer entsteht. Zu den Texten könnten auch Bilder gemalt und Fotografien gemacht werden.

Beispieltext:
Reiseführer – die besten Informationen in Hamm:
Maxipark: Da sind tolle Spielplätze und tolles Eis.
MacDonalds: Da gibt es die besten Pommes, Salate und Burger.
Waldbühne: Da sind tolle Stücke zu sehen.
Spielplatz: Die längste Rutsche ist in Norddinker. Eine Minute für ein kleines Stückchen rutschen, weil sie so stumpf ist.
Ei des Jahres: Die besten Eier gibt es bei Phil zu kaufen.

(Sofie, 8 Jahre)

54 / Wer ist der Täter?

Aufgabe: Krimi schreiben
Altersgruppe: ab 8 Jahre
Zeit: 45 – 90 Minuten (oder mehr)

Schüler mögen Krimis. Bücher wie »Die drei ???«, »TKKG« und »Die fünf Freunde« zählen seit Generationen zu den beliebtesten Kinderbüchern, weil darin Bösewichter vorkommen, die von Kindern zur Strecke gebracht werden.

Um einen Krimi zu schreiben, braucht es vorher ein bisschen Planung. Wir müssen überlegen, welche Personen vorkommen sollen, wer der Täter, wer das Opfer und wer der Retter sein soll. Am besten notieren wir die Figuren auf der Tafel oder einer großen Pappe (es sollten nicht zu viele Personen in der Geschichte sein). Das Verbrechen darf allerding nicht zu grausig sein, Mord kommt nicht in Frage, auch wenn sich die Schüler noch so viel Blut wünschen. Ein Diebstahl oder ein Entführungsfall bietet sich an. Der Schauplatz sollte feststehen, das Milieu, in dem die Geschichte spielt, und dann kann es losgehen.

Anmerkung:
Vor allem bei jüngeren Schülern bietet es sich an, den Krimi in der Gruppe zu entwickeln.

Beispieltext:
Vorüberlegungen: Oma Fliegenschläger soll von ihrem Enkel Paul entführt und später von Lisa, Pauls jüngerer Schwester, befreit werden. (Es kam dann aber anders.)

1. Teil

Es war einmal ein Junge, der hieß Paul Fliegenschläger. Er war 19. Paul Fliegenschläger kannte sich mit Papierfliegern gut aus und er hatte einen großen Papierflieger gebastelt, mit dem er seine Oma entführen wollte.

Er verkleidete sich als Millionär mit cooler Mütze, Goldketten, einem Anzug mit einer Fliege und einer Peitsche. So klingelte er bei der Oma. Sie öffnete und war sehr erstaunt, sie dachte, sie würde etwas von ihm erben.

»Sie haben gewonnen!«, sagte Paul Fliegenschläger und gab ihr Tausend Euro Spielgeld. Die Oma hatte ihre Brille nicht auf und freute sich über das Geld.

Paul Fliegenschläger sagte: »Unten ist noch mehr Geld«, und sie ging mit ihm hinunter und draußen stand der Papierflieger. Die Oma las darauf »Paul Fliegenschläger-Express« und sagte: »Ach, du bist ja mein Enkel!«

»Hast du Lust, einen Rundflug zu machen?«, fragte Paul Fliegenschläger.

»Ja, ich wollte schon immer die Stadt von oben sehen!«

Kaum waren sie in der Luft, wurde die Oma flugkrank und sie kotzte hinunter.

Die Kotze flog genau auf Lisa Fliegenschlägers Kopf und da sah sie nach oben und da sah sie, dass ihr Bruder mit der Oma davonflog.

Die Oma wurde ohnmächtig.

Sie flogen über das Meer und landeten auf einer Insel im Südpazifik. Da war ein Schloss, es war aus Gold und glänzte in der Sonne. Fliegen so groß wie Haie flogen um den Turm, wo Paul Fliegenschläger seine Oma einsperrte.

Da war eine Stahltür und rechts und links standen zwei Fliegen in Uniform und mit Äxten und Morgensternen und Schwertern und Pistolen. Im Turmzimmer gab es ein kleines Fenster. Aber die Oma war gar nicht traurig, weil in dem Zimmer ein Gameboy, ein DS, eine Playstation, ein Fernseher und eine Wii standen …

2. Teil

Dann ging auf einmal die Insel unter und die Oma konnte zum Fenster hinausschwimmen. Da kam eine lebende Luftmatratze mit Augen vorbei und die Oma kletterte darauf. Je länger die Oma mit der lebenden Luftmatratze auf dem Meer unterwegs war, desto jünger wurde die Oma, weil die Luftmatratze jung war und das *Jungsein* von ihr abfärbte. Die Oma war wieder ein Mädchen und dann sah sie auf einmal Land und da stand ein Haus und das war dann ihr Haus. Die Oma war froh, wieder zu Hause zu sein. Sie sah in den Spiegel und merkte, dass sie wieder jung war, und sie sagte: »Oh je, jetzt muss ich wieder in die Schule!« Und sie ging zurück ans Meer und eine Welle spülte eine Luftmatratze an, die war alt, und als die Oma daraufstieg, färbte das *Altsein* ab und die Oma bekam ihr richtiges Alter zurück.

(Gruppe von Erst-, Zweit- und Drittklässlern)

55 / Deutschlehrers Liebling

Aufgabe: Elfchen
Altersgruppe: ab 10 Jahre
Zeit: 20 Minuten

Seit Anfang der achtziger Jahre geistert das Elfchen durch die deutschen Kreativ-Schreiben-Werkstätten, und auch im Deutschunterricht wird es häufig gesichtet. Gerüchten zufolge soll es aus den Niederlanden eingewandert sein und begann sich schnell heimisch zu fühlen. Die Methode ist einfach: Wie der Name schon sagt, bestehen Elfchen aus elf Wörtern in fünf Zeilen, ein Wort in der ersten Zeile, zwei in der zweiten, drei in der dritten, vier in den vierten und ein Wort in der fünften Zeile. Dabei gibt das erste Wort das Thema vor, die folgenden Wörter beschreiben, und das letzte Wort bildet eine Art Zusammenfassung, einen Abschluss des Gedichtes.

Der Schreiblehrer erklärt die Methode und gibt ein ungefähres Thema vor: Farb-Elfchen, Tier-Elfchen, Personen-Elfchen etc.

Beispieltext:
Krüger
Ganz albern
Und ganz schrecklich
Seine Lieder sind blöd
Doof.
(Kilian, 10 Jahre)

56/Es war eine Frau aus Kiel ...

Aufgabe: Limericks
Altersgruppe: ab 10 Jahre
Zeit: 20 Minuten

Limericks stammen aus dem englischen Sprachraum und sind ein fünfzeiliges, von festen Regeln bestimmtes Genre des Nonsens. Die Struktur ist einfach: In der ersten Zeile wird die Person eingeführt. Die zweite Zeile bezeichnet eine Eigenart. In der dritten und vierten Zeile wird die Handlung kurz erzählt. In der fünften Zeile sollte eine möglichst überraschende Pointe folgen, die auch absurd oder grotesk sein darf.

Die Schüler sollten mehrere Limericks verfassen. Zum Einstieg könnte ein Limerick gemeinsam in der Gruppe entstehen oder zumindest die erste Zeile vorgegeben werden. Wenn erst mal ein Anfang gemacht ist, läuft das Dichten dann meistens (fast) von selbst. Die Regeln des Limericks sollten dabei weitgehend eingehalten werden, kreative Ausnahmen allerdings erlaubt sein.

Anmerkung:
Das Dichten von Limericks bringt meistens viel Spaß in die Gruppe. Ist die Stimmung also gerade nicht so gut, können wir damit die Atmosphäre auffrischen.

Beispieltexte:

Es war eine Frau aus Kiel,
die kaufte ein Eis am Stiel.
Sie lachte, wie die Sonne lacht,
das hat das Eis zum Schmelzen gebracht.
Sodass es hinunterfiel.

Es war eine Frau aus Kiel,
die vertrug leider nicht so viel.
Als sie im Hafen 10 Biere trank,
und danach im Meer versank,
da gluckste es nur subtil.
(beide von Max, 19 Jahre)

Es war eine Frau aus Kiel,
die liebte Blumen mit Stiel,
doch ihr Freund Herr Dohne,
der mochte nur welche ohne.
Somit war da nichts, was beiden gefiel.
(Marvin, 15 Jahre)

57 / Vater, Mutter, Schwester, Freundin

Aufgabe: Dies ist ein Gedicht für …
Altersgruppe: ab 10 Jahre
Zeit: 20 – 30 Minuten

Wenn Schüler an Gedichte denken, meinen sie oft, es müssten die klassischen Zeilen im Reimschema a-b-a-b sein. Gedichte können aber auch wie ein Brief sein, den wir an jemanden Besonderes richten. Wie zum Beispiel:

Dies ist ein Gedicht für Hannes,
der zum vierten Mal in diesem Jahr im Krankenhaus liegt.
Alle wünschen, dass es dir wieder besser geht,
aber niemand kann sich vorstellen, dass du das Bett noch einmal verlassen wirst.
Deine Mutter mit ihren 87 Jahren
macht dem geschulten Pflegepersonal noch die Pflege vor.
Und du liegst in deinem Bett und freust dich,
über einen Besuch, eine Berührung von Fynn und Dilara.
Versuchst noch immer an Gesprächen teilzunehmen,
obwohl man dich nur schwer verstehen kann.
Wir alle hoffen und beten, dass der Tag kommt,
an dem man deine Krankheit heilen kann.
Aber bis dahin wünschen wir dir:
Gute Besserung, lieber Hannes.
(Danke an Susanne Steffens aus Beckum)

Die Schüler sollten ein Gedicht an jemanden richten, den sie gut kennen, und beginnen mit den Worten: Dies ist ein Gedicht für. Es empfiehlt sich, vorher eine kurze Stichwortliste zu machen. Was ist so besonderes an demjenigen? Was ist typisch für ihn? Was möchtet ihr ihm mitteilen?

Anmerkung:
Durch den bereits vorgegebenen Anfang fällt es den Schülern leicht, etwas zu Papier zu bringen.

Beispieltext:
Dies ist ein Gedicht für Melissa, meine kleine Schwester,
die mit ihren großen dunklen Augen am Tisch sitzt
und mit unserem Vater diskutiert,
darüber, was alles unfair ist:
dass sie zu früh ins Bett muss,
dass sie zu wenig Taschengeld bekommt
und überhaupt dass sie es schlecht hat.
Liebe Melissa, ich kann dir sagen:
Du hast es verdammt noch mal ziemlich gut!
(Kim, 13 Jahre)

58 / Wörterbörse

Aufgabe: Schreiben mithilfe vorgegebener Wörter
Altersgruppe: ab 10 Jahre
Zeit: 30 Minuten

Der Schreiblehrer wählt ein Wort oder Thema, das möglichst viele individuelle Assoziationen zulässt. Es eignen sich positiv besetzte Begriffe wie »Glück«, »Ferien« oder »Wochenende«, aber auch Themen wie »Der Blick aus dem Fenster« oder Jahreszeiten.

Jeder Schüler nimmt ein Blatt Papier und unterteilt es in zehn Kästchen, am besten werden vier waagerechte Linien gezogen und eine senkrechte in der Mitte. Dann schneiden die Schüler entlang der Linien, sodass zehn Kästchen vor ihnen liegen. Das Hantieren mit den Scheren bringt Schwung in die Gruppe, es ist nicht mehr das oft einschüchternde Gefühl, »Jetzt müssen wir gleich was schreiben«, sondern das Ganze bekommt etwas Spielerisches. Die Schüler basteln sich nun Karten. Wenn jeder seine zehn Kärtchen hat (manche haben nur acht, andere zwölf), nennt der Schreiblehrer das Wort, um das es geht, und die Schüler haben fünf Minuten Zeit, zehn Wörter zu notieren, die ihnen spontan dazu einfallen. Anschließend werden alle Kärtchen auf einem Tisch ausgebreitet und jeder sucht sich zehn neue Wörter aus, aus denen in etwa zehn Minuten ein kurzer Text oder ein Gedicht entstehen soll (mindestens drei Sätze).

Manchmal fällt es Schülern schwer, ihre Wörter abzugeben, wir können auch vorgeben, dass jeder drei eigene Wörter behält und sich sieben neue aussucht. Eine andere Variation ist, wir lassen den Schülern Zeit, um den Tisch herumzugehen und alle Wörter zu lesen. Anschließend schreibt jeder seine zehn Wortfavoriten auf.

Erweiterung: Aus dem entstandenen Text wählt der Schüler einen Satz oder eine Zeile aus, die ihm besonders interessant erscheint. Auch die Gruppe kann Vorschläge machen. Dieser Satz wird zum Ausgangsmaterial für einen neuen kurzen Text.
Während der erste Text zufällig entsteht, führt der zweite oft in die Tiefe und somit zu einem besseren Ergebnis. Die Schüler sind erstaunt, wie ein Zufallsprodukt zum Material wird, wie selbstverständlich sie sich vom vorgegebenen Thema lösen und einen eigenen Text entwickeln.

Anmerkung:
Diese Übung eignet sich gut für Montagmorgen oder für Nachmittagsstunden, an denen die Luft schon ein bisschen raus und die Gruppe müde ist. Durch das Schneiden mit der Schere und das Herumgehen entsteht Dynamik.

Beispieltext:
Das Telefon klingelte morgens um sieben. Ob ich mit ins Kasperletheater käme? Nee, Freunde, sagte ich, heute habe ich etwas anderes vor. Mein Kaninchen und ich fahren gleich nach London. »Being orkisch or what?«, riefen Mona und Dennis in den Hörer und ich legte auf. Die immer mit ihren Sprüchen, da höre ich doch lieber Jazz, das ist so eine emotionale Musik, da brauche ich nur ein gutes Buch und einen Karamellpudding und der Tag ist gerettet.

(aus Wörtern zum Thema »Glück«)

59 / Vom Wunsch, einfach zu verschwinden

Aufgabe: Geheimverstecke
Altersgruppe: ab 10 Jahre
Zeit: 30 Minuten

Im Versteck auf dem Dachboden, im Gebüsch oder in einer Höhle ist die Welt in Ordnung, wenn man Kind ist und Erwachsene keinen Zutritt haben. Unsere geheimen Orte sind magische Zufluchten ins Reich der Fantasie.

Wo war euer Rückzugsort? Wie habt ihr euch dort gefühlt? Oben in der Kastanie? Im Schuppen zwischen den alten Decken? Hinter dem Sofa? Im Kleiderschrank der Eltern? Beschreibt und erinnert euch an Details! Wie hat es dort gerochen? Was habt ihr von dort aus beobachtet? Wen habt ihr belauschen können? Wovor wart ihr sicher?

Gut ist auch, wenn wir Fotos von geheimen Orten haben, also von Dachböden, Gebüschen, Schuppen, Baumhäusern, etc., die wir den Schülern zeigen können.

Anmerkung:
Kinderrückzugsorte sind gutes Material für Literatur. Viele Schriftsteller greifen darauf zurück. In den Büchern »Das magische Baumhaus« von Mary Pope Osborne wird das Baumhaus zum Ausgangspunkt für Zeitreisen. Huckleberry Finn lebt in einer Tonne, Karlsson an einem geheimen Ort auf den Dach.

Beispieltext:
Der Wunsch einfach zu verschwinden –
Wenn ich zurückblicke und an meine früheren geheimen Orte denke, dann fällt mir schnell auf, dass sie alle in der Natur waren. Die meisten bestanden aus nicht viel mehr als einem Baum und etwas Holz. Ich hatte als kleiner Junge viele Baumbuden und viele wurden von Älteren zerstört, deshalb mussten wir immer wieder neue bauen. Mein liebster geheimer Ort war allerdings nur meiner kleinen Schwester bekannt, falls man mich suchte oder brauchte. Sie war auch ein oder zweimal mit mir oben, doch sie war noch zu klein und hatte daher immer schreckliche Angst.

Es war ein ganz simpler Baum. Eine Fichte, über 20 Meter hoch, so dass man oben angelangt über den größten Teil der Landschaft blicken konnte. Mein Baum, wie ich ihn nannte, war ideal zum Klettern. Die Äste waren so optimal angeordnet, dass man ihn, mit Ausnahme einiger weniger Stellen, im Schlaf hochklettern konnte. Es hätte also ein jeder auf meinen Baum klettern können. Doch das wirklich geniale war der Ort, an dem der Baum stand. Er stand und steht, so hoffe ich, in einem kleinen Wäldchen ganz versteckt am Rand unseres früheren Grundstückes. Er war umgeben von vielen anderen Fichten, doch auf keine andere konnte man so mühelos so hoch klettern. Wenn ich dort oben angelangt war, dann habe ich vieles bewundert und belächelt. Vögel, die ihre Jungen in naheliegenden Bäumen fütterten, oder weit unter mir hergehende Leute, die manchmal die skurrilsten Sachen machten, weil sie glaubten, unbeobachtet zu sein. Da sah man dann schon mal den einen oder anderen Nachbarn mit dem Finger in der Nase, obwohl er einen selbst zu mehr Manieren ermahnte. Mein Baum war aber noch mehr. Er war mein Zufluchtsort. Hatte ich Stress zu Hause oder einfach nur Probleme und wusste nicht wohin, dann kam mir wieder mein Baum in den Sinn. So stieg ich ein ums andere Mal Ast um Ast an ihm hoch. Die Nadeln, die mich immer wieder und besonders im Herbst am ganzen Leib piekten, machten mir mit der Zeit nichts mehr aus. Ich fand, dass es ein gerechter Ausgleich zu dem leichten Aufstieg auf ihn war. Man gewöhnte sich halt dran. Wenn ich dann oben angelangt war, schwang ich mit dem Baum im Wind hin und her. Ein beängstigendes, aber nach und nach immer wohligeres Gefühl für mich. Ebenso wie der Wind, der mit seiner enormen Kraft in mein Gesicht peitschte und durch meine Haare wehte. Wenn ich auf meinem Baum war, dann schien es mir immer so, als ob meine Sorgen mit dem Wind hinfort geweht wurden. Die paar Nadeln in meinen Klamotten konnten mich nie daran hindern, auf meinen Baum zu klettern. Ich frage mich, ob mein Baum noch steht oder ob seine Zeit gekommen war. Ich frage mich, ob er noch anderen nach mir die Sorgen abnehmen konnte. Ich hoffe, er konnte noch anderen das Gefühl von Freiheit schenken.

(André, 19 Jahre)

60/Frühling, Sommer, Herbst und Winter

Aufgabe: Jahreszeitengedichte
Altersgruppe: ab 10 Jahre
Zeit: 30 Minuten

In der Schule werden immer gern Jahreszeiten aufgegriffen. In beinah jedem Deutschbuch findet sich mindestens ein Jahreszeitengedicht, wahrscheinlich sogar mehrere, und beinah jeder berühmte Schriftsteller hat etwas zum Thema Frühling, Sommer, Herbst oder Winter hinterlassen.

Jeder weiß, im Herbst fallen die Blätter, im Winter gibt es manchmal Schnee und im Frühling blühen die Tulpen. Aber dennoch hat jeder von uns seine eigene Vorstellung von den einzelnen Jahreszeiten.

Die Schüler sollten sich eine Jahreszeit aussuchen und eine Materialliste dazu anlegen. Was gehört für euch zum Winter? Wie können wir das in einem Gedicht ausdrücken? Muss es sich reimen oder nicht? Als Beispiel können verschiedene Gedichte zum Thema mitgebracht und vorgelesen werden, der Fundus ist riesig.

Beispieltext:
Winter
Der Winter ist kalt,
ich stapfe durch den Schnee.
Der Winter ist alt,
ich finde keinen Glücksklee.
Wir marschieren alle raus,
ich schalte mein Handy aus.

(Kilian, 10 Jahre)

61 / Wut. Angst. Freude.

Aufgabe: Gefühle bildlich machen
Altersgruppe: ab 10 Jahre
Zeit: 30 Minuten

»Zeigen, nicht erklären« – diesen Hinweis finden wir in vielen Ratgebern für angehende Autoren. Tatsächlich wird die Atmosphäre dichter, wenn wir, anstatt zu lesen »Peter war nervös«, Peter dabei beobachten, wie er immer wieder zur Uhr blickt. Wie er von einem Fuß auf den anderen tritt. Wie er an seinem Kragen nestelt, sein Handy aus der Tasche nimmt, es kontrolliert, wieder wegsteckt, es noch mal hervorkramt. Wir möchten dabei sein und uns von keinem besserwissenden Erzähler sagen lassen, wer ängstlich, fröhlich oder wütend ist. Die Schweißperlen, das zaghafte Auf-die-Lippe-beißen, das vorsichtige Blinzeln, das Am-Kopf-Kratzen – das alles möchten wir wie in einem Film vor uns sehen.

Die Schüler sollen sich Situationen vorstellen, in denen jemand von starken Emotionen getrieben ist, ängstlich, wütend oder besonders ausgelassen ist, und die Person in einem kurzen Text darstellen, ohne Adjektive wie »ängstlich«, »wütend« oder »fröhlich« zu benutzen. Das Gefühl soll bildhaft vermittelt werden.

Anmerkung:
Jüngere Schüler können durch Bewegung an die Übung herangeführt werden. Die Gruppe bewegt sich durch den Raum. Auf Klatschen und Zuruf stellen wir uns vor, wütend oder ängstlich oder fröhlich zu sein. Wie gehen wir, wenn wir wütend sind? Stampfen wir mit den Füßen auf, ballen wir die Fäuste, kneifen wir die Augen zusammen? Wie verändern wir uns, wenn wir plötzlich eine gute Nachricht erhal-

ten? Wir können eine Position finden und zum Standbild einfrieren lassen, das unser Gefühl sichtbar macht.

Beispieltext:
Angst
Bevor er aus dem Haus geht, bindet er sich den Mundschutz um. Früher ist er mit der U-Bahn zur Arbeit gefahren, jetzt geht er zu Fuß. Kommen ihm mehrere Leute entgegen, wechselt er auf die andere Straßenseite. Er atmet flach. Immer wieder wäscht er sich seine Hände, zu Hause und auf der Arbeit. Im Büro kann er das Telefon nicht anfassen, weil er nicht weiß, wer den Hörer schon alles am Ohr hatte. Später kann er dann nicht mehr zur Arbeit gehen, er arbeitet zu Hause. Er geht kaum noch vor die Tür. Alles bestellt er aus dem Internet, seine Kleidung, die Bücher und sogar die Lebensmittel, die er benötigt. Der Postbote muss ihm das alles vor die Tür stellen und erst spätabends, wenn er sich sicher ist, dass jetzt niemand mehr auf der Straße ist, holt er die Pakete rein. Und dann trägt er Handschuhe dabei.

(Patricia, 18 Jahre)

62 / Und dann fiel noch das Marmeladenbrot herunter

Aufgabe: Ausreden erfinden
Altersgruppe: ab 10 Jahre
Zeit: 30 Minuten

Wer kennt das nicht? Eben war noch Zeit genug. Wir schmieren uns ein Marmeladenbrot, nippen am Kakao, blättern einmal durch die Zeitung, und auf einmal ist es höchste Eisenbahn. Und plötzlich geht alles schief. Der Becher fällt um und wir haben den Kakao auf der Hose, die Schuhe sind noch nass vom Gewitter gestern, der Turnbeutel ist nicht gepackt, und wo steckt das Physikbuch? Jetzt ist es so weit: der Bus ist verpasst und jeden Moment beginnt schon der Unterricht. Was sagen wir gleich dem Lehrer?

Die Schüler werden aufgefordert, sich möglichst originelle Ausreden einfallen zu lassen. Holt weit aus, erfindet unglückliche Verwicklungen. Jetzt ist die Gelegenheit, ihr dürft maßlos übertreiben und das Blaue vom Himmel lügen.

Beispieltext:
Heute morgen bin ich extra früh aufgestanden, um den frühen Bus zu nehmen, um besonders pünktlich in der Schule zu sein. Um Viertel nach sechs stand ich also schon an der Bushaltestelle. Aber nach zehn Minuten kam der Bus immer noch nicht. Dann kam ein Mann und sagte: »Die Stadtwerke streiken heute, deine Eltern müssen dich wohl fahren.« Da es aber noch so früh war, dachte ich, ich gehe zu Fuß. Nach einiger Zeit kam ich an eine Baustelle. »Vorsicht, nicht betreten, gefährliche Arbeiten an der Gasleitung!« stand auf dem Schild, und ich musste der Umleitung folgen und einen großen Umweg machen. Als ich wieder auf dem richtigen Weg war, war da ein Hydrant, der

spritzte Wasser, und ich musste mir einen geschickten Weg ausdenken, um nicht nass zu werden. Als ich durch viele Vorgärten und Hecken gekrochen war und die Leute an die Scheiben klopften, die durch das Knacken der Äste oder Rascheln der Sträucher geweckt worden waren, sah ich schon das Schulgebäude. Da merkte ich, dass mein Sportbeutel wohl in einem der Büsche hängen geblieben sein musste. Deshalb musste ich noch einmal zurückgehen. Aber plötzlich war die Zeit schon um. Die Schule hatte schon angefangen, sah ich auf der Kirchturmuhr. Dann bin ich besonders schnell gerannt, aber weil ich so außer Atem war, musste ich eine kleine Pause einlegen. Als ich endlich am Schulgebäude ankam, war die Tür abgeschlossen. Ich klopfte immer wieder an die Fensterscheibe, bis mich der Hausmeister hörte und mir die Tür aufschloss. Er schickte mich in meinen Klassenraum. Ich öffnete die Tür und erzählte, was mir passiert war. Da sagte der Deutschlehrer: »Das soll ich dir glauben? Dann schreib mir das mal alles genau auf!«

Und das tat ich dann auch: »Heute morgen bin ich extra früh aufgestanden, um den frühen Bus zu nehmen, …

(Kilian, 11 Jahre)

63 / Clustern

Aufgabe: Wörter zu Netzen knüpfen
Altersgruppe: ab 10 Jahre
Zeit: 30 Minuten

Das Clustern ist eine spezielle Schreibtechnik, die vor allem durch Gabriele L. Rico bei uns bekannt wurde. Dabei geht es darum, die logisch denkende linke Gehirnhälfte mit der kreativen, bildhaft denkenden rechten Hälfte zu verbinden. Anstatt eine Geschichte rational zu planen und erst dann niederzuschreiben, stellen wir beim Clustern einen Begriff in den Mittelpunkt und lassen uns davon spontan zu einem fließenden Text inspirieren. Konkret sieht das so aus: Wir schreiben ein Wort wie »Wasser«, »Flugzeug«, »blau« oder was auch immer in die Mitte eines Blattes, umkreisen den Begriff und fangen an, Wörter, die uns dazu in den Sinn kommen, aufzuschreiben. Die neuen Wörter werden wiederum umkreist (das ist laut Rico wichtig, um die rechte Gehirnhälfte in Schwung zu bringen), und andere Begriffe, die uns dazu einfallen, werden notiert. So entsteht ein Netz aus umkreisten Wörtern, die am besten mit Pfeilen verbunden werden, eben Assoziationsketten. Fällt uns zu einem Wort nichts mehr ein, sind wir also am Ende einer Kette angekommen, wenden wir uns wieder unserem Ausgangsbegriff zu und machen in andere Richtung weiter. Im Idealfall hat sich nach wenigen Minuten eine Idee so weit herauskristallisiert, dass wir einen kleinen, in sich geschlossenen Text schreiben können, der lebendiger ist als das, was wir sonst nach langer Überlegung zu Papier gebracht hätten.

Es reicht, den Schülern die Methode des Clusterns anhand eines Tafelbildes kurz zu erklären. Meist wissen die Schüler schnell, worauf es ankommt, und die neurologischen Einzelheiten können im Biologiebuch bleiben. Es wird ein Begriff vorgegeben, etwa »Ich«, »mein Vater«, »Schule« etc., von dem aus jeder Schüler in etwa 5 bis 10 Minuten ein Cluster anfertigen sollte. Anschließend schreibt jeder einen Text.

Anmerkung:
Zur Einstimmung auf das Clustern könnten wir mit Übungen aus der Kinesiologie beginnen. Verschiedene Bewegungen, die über die Körpermittellinie ausgeführt werden wie etwa die »Liegende Acht« oder das Simultanzeichnen sollen dazu beitragen, beide Gehirnhälften gleichermaßen anzuregen, und unterstützen somit die Methode des Clusterns.

Für die »Liegende Acht« beginnen wir mit der linken Hand und fahren vom Mittelpunkt der Acht aus nach links oben. Wir folgen der Bewegung mit den Augen, zeichnen die Acht dreimal mit jeder Hand, dann dreimal mit beiden Händen zusammen. Beim Simultanzeichnen malen wir mit beiden Händen gleichzeitig Linien auf großformatiges Papier.

Beispieltext:
Ich – Dieses Wort an sich ist für mich zwar wichtig, doch von geringerem Belang, als wir es waren. Wir, damit meine ich dich und mich. Mit dich bezeichne ich niemand Geringeren als dich Lars, mein seelenverwandter Geist. Schon bald bist du unterwegs. Deine Reise wird in Nepal beginnen und ich weiß, du wirst den Duft der Freiheit genießen. Wohin deine Reise dich führen wird, das kannst nur du genau wissen. Allerdings weiß ich von deiner Spontaneität, und deshalb wirst du sicherlich mit deinem Bruder nach Australien fliegen. Nutze diese Chance! Du wirst sie nicht zweimal bekommen. Bis wir uns dann schließlich in einem halben Jahr oder mehr wiedersehen, bleibe ich alleine. Alleine mit meinen unbeantworteten Fragen und ungelös-

ten Problemen. Doch ich werde weiter meinen Weg gehen und ich will, dass du weißt, wie schön es war, einen Teil des Weges mit dir gemeinsam zu gehen. Keiner weiß besser als du, dass ich mich wieder verändern werde. Ja, ich werde einen neuen Lebensabschnitt beginnen. Ich hoffe, dass ich auch auf diesem Abschnitt wieder Gefährten finde, mit denen es sich lohnt, seine Zeit zu verschwenden. Trotzdem vermisse ich dich. Ich vermisse dich schon, obwohl du noch gar nicht weg bist. Denn ich weiß, dass ich nicht vielen Menschen wie dir begegnen werde. Ich lasse auf diesem neuen Weg so manchen wahren Freund zurück. Ihr werdet mir unglaublich fehlen. Vor allem, weil ich weiß, dass ich noch oft enttäuscht werde, bis ich jemanden finde, den ich wieder einen wahren Freund nennen kann. Jemanden, der genauso versucht, die Gedanken der 68er-Bewegung aufleben zu lassen wie ich. Jemand, der sich genauso in die falsche Zeit hineingeboren fühlt. Jemand, der meinen Satz zu Ende führt, ohne dass ich es getan habe. Jemand, mit dem ich die Natur genießen kann und das auch ohne Worte. Eben jemand wie du.

(André, 19 Jahre)

64 / Tretjakovs Tasche

Aufgabe: Aus den Tiefen des Tornisters
Altersgruppe: ab 10 Jahre
Zeit: 30 Minuten

Dieses klassische Schreibspiel geht auf den russischen Schriftsteller Sergej Tretjakov zurück, der die Methode entwickelte, über die »Biografie der Dinge« zu einem Soziogramm ihrer Besitzer zu gelangen und aus diesen Sozialreportagen zu schreiben.

Auch Schülertaschen sind meistens wahre Fundgruben. Neben Etuis, Schreibheften und Schulbüchern finden sich Handys, Gameboys, Figuren, Steine, Klebebildchen, Autos, Bonbonpapier, Comics und andere Überraschungen.

Jeder Schüler sollte einen Gegenstand aus seinem Tornister nehmen, der nicht unbedingt etwas mit dem Unterricht zu tun hat, also weder Schulbuch noch Heft. Wenn jeder etwas vorliegen hat, sollte mit dem Sitznachbarn getauscht werden. Es kann auch, um es spannender zu machen, eine kleine Tombola veranstaltet werden. Das empfiehlt sich aber eher bei kleineren, übersichtlichen Gruppen, damit auch jeder anschließend sein Eigentum zurückerhält. Nun sollten sich die Schüler von diesem Gegenstand zu einem kleinen Text, einer kurzen Geschichte oder einem Gedicht anregen lassen.

Beispieltexte:

Das Handy

Es klingelt, wenn jemand anruft. Und immer sagt man: »Hallo?« und »Wer da?«, und wenn man den Anrufbeantworter erreicht, sagt er: »Guten Tag, Sie sind verbunden mit der Nummer des Anschlusses von Bla Bla und Blablabla.« Aber dieses Mal dachte sich das Handy: »Jetzt sag ich was anderes!« und es sagte am Anrufbeantworter: »Hi! Ich bin es leid, immer deine Telefonnummer nachzuplappern! Und Tschüss!«. Und seitdem hat das Handy immer Ferien.

(Kilian, 10 Jahre)

Das Papierfliegerfaltbuch

So ein Papierfliegerfaltbuch ist eine praktische Sache. Wenn einem im Unterricht langweilig ist, kann man es unter dem Tisch aufschlagen und das Arbeitsblatt im Nu in einen tollen Papierflieger verwandeln. Wenn man Glück hat, kann dieser Papierflieger dann in der nächsten Pause durch die ganze Klasse segeln. Manchmal auch noch während der Stunde, aber das kommt auf den Lehrer an. Natürlich wollen die anderen dann auch so einen Flieger und sie drängeln sich an meinen Tisch. Ich verspreche jedem einen Flieger und dann machen wir die Fenster auf und lassen unsere Papierflieger über den Schulhof fliegen. Das sieht schön aus – überall weiße Flieger. Und die Arbeitsblätter? Die sind weg. Pech!

(Moritz, 11 Jahre)

65 / Mysteriöses auf hoher See

Aufgabe: Geisterkatamaran gibt Rätsel auf
Altersgruppe: ab 10 Jahre
Zeit: 30 – 45 Minuten

»Die Segel waren gehisst, die Motoren liefen, und das Essen stand auf dem Tisch: Ein im Meer treibender Katamaran gibt der australischen Küstenwacht Rätsel auf, denn von der Besatzung fehlt jede Spur …« – so war es im April 2007 in der Zeitung zu lesen. Drei Männer sollen an Bord gewesen sein, ihre Rettungswesten und das Schlauchboot fand man unberührt. Was ist passiert?

Die Schüler bekommen die Ausgangssituation erzählt. Was mag auf dem Schiff vorgefallen sein? Gab es einen Streit zwischen den Männern? Hat ein Hai, Riesenkraken oder See-Ungeheuer seine Flossen bzw. Tentakel im Spiel? Oder ein klassischer Piratenüberfall? Die Schüler können wie Justus Jonas, Peter Shaw und Bob Andrews von den ??? im Fall ermitteln. Ihr geht an Bord, und, Moment, sind das da nicht verdächtige Spuren? Vielleicht ist auch einer der Männer auf einer einsamen Insel gestrandet, ihr findet ihn und lasst ihn erzählen. Was könnte passiert sein? Schreibt eine kurze Geschichte!

Anmerkung:
Schüler mögen geheimnisvolle Geschichten, erst recht, wenn sie wirklich passiert sind.

Beispieltext:
Es war ein schöner Tag gewesen. Hier saßen die drei, alle schon in gutem Alter, um noch zusammen ein letztes Abenteuer zu erleben. Das Team war bestens ausgestattet, neben dem High-Tech-Katamaran und einem Laptop hatte die reife Crew eine künstliche Hüfte, drei Herzschrittmacher und zwei Zahnprothesen. Alle standen an Deck dicht am Wasser und genossen die Aussicht.

Nur 120 km weiter an der Küste Australiens, dem ehemaligen Besatzungsgebiet und heutigem Militärstützpunkt und Testgelände war es so weit. Ein Test wurde mit einer Schiffsentsorgung kombiniert. Die Fletcher 2 hatte schon im zweiten Weltkrieg das ein oder andere abbekommen, eine Reparation eines so ollen Schiffes war sinnlos. Die am Meeresgrund gezündete Atombombe eines kleinen Formats, so dass sie international nicht zu orten war, zerriss das Schiff nicht, sondern sog es nur in die Fluten. Erstaunt stellten die Forscher fest, als sie ihre Geräte interessiert betrachteten, dass sich eine ungewöhnlich starke magnetische Welle gebildet hatte, die sonst bei Atombombenzündungen in anderen Atmosphären wesentlich schwächer ausfällt. Begeistert lasen sie ihre Messgeräte ab und lobten diesen Tag als besonders bedeutsam für die Wissenschaft. Von den drei toten Männern und den aus dem Takt gebrachten Herzschrittmachern wussten sie nichts.

(Max, 19 Jahre)

66 / Perspektivwechsel

Aufgabe: Was Jacken, Schuhe und Stifte zu sagen haben
Altersgruppe: ab 10 Jahre
Zeit: 30 – 45 Minuten

Wenn die Dinge sprechen könnten, würden wir uns sicher wundern. Vielleicht würde sich die Jacke am Morgen beschweren, dass sie schon wieder mit in die Schule muss. Oder der Stift könnte es nicht abwarten, endlich aus dem engen Etui zu kommen, weil er sich ständig mit dem Tintenkiller zankt und das Radiergummi stinkt. Und die Schuhe, wie fühlen die sich, wenn sie den ganzen Tag warme schwitzende Füße mit sich herumschleppen müssen?

Die Schüler werden aufgefordert, sich einen beliebigen Gegenstand im Klassenraum auszusuchen. Das kann ein Kleidungsstück sein, etwas aus dem Etui, die Tafel, das Stück Kreide, was auch immer. Versetzt euch in die Lage dieses Gegenstandes. Wie fühlt ihr euch? Was seht ihr? Was erlebt ihr?

Beispieltext:
Gerade habe ich noch geschlafen, da kommt schon so ein dickes stinkendes Ding und quetscht sich in mich hinein. Ich kriege kaum noch Luft. Puh, ist das eng, am liebsten würde ich das Ding da rausschmeißen, aber das geht nicht. Das Ding zwingt mich, aus dem schönen, warmen Zimmer zu gehen. Ich muss raus auf die Straße. Nein, doch nicht da lang, da ist es schmutzig!, möchte ich rufen, aber solange das Ding in mir steckt, kriege ich kein Wort raus. Pass doch auf!, murmele ich, aber da ist es passiert, ich stecke in etwas Braunem, das ganz furchtbar stinkt. Blöd, jetzt muss ich so rumlaufen! Und mein Zwilling rümpft die Nase und lacht mich aus. Na warte, zische ich …

(Sarah, 14 Jahre)

67 / Naturbetrachtungen

Aufgabe: Dichten zu Fundstücken
Altersgruppe: ab 10 Jahre
Zeit: 30 – 45 Minuten

Dichter finden ihre Inspirationen immer wieder in der Natur und in den Kleinigkeiten, die uns zufällig begegnen. Pablo Neruda z.B. hat Gedichte über die Tomate, die Artischocke und die Zwiebel verfasst.

Den Schülern sollten Fundstücke bzw. Fotografien von Fundstücken wie Mohnkapseln, Blätter, Tannenzapfen, Nüssen, etc. vorliegen. Die Objekte sollten genau betrachtet werden, so intensiv, als wollten wir sie zeichnen. Seht euch die feinen Unregelmäßigkeiten an, die Verletzungen, Einkerbungen, die filigrane Schönheit. Stellt euch vor, was dieses Objekt erlebt haben mag. Wenn genügend Eindrücke gesammelt sind, können wir beginnen, ein Gedicht zu schreiben – über die Walnuss, die Klette, das Holzstück, …

Beispieltext:
Rennen und hetzen,
fliehen, sich retten,
ein Weg.
Auf stachligen Pfaden,
an dornigen Büschen,
schnell hier weg,
wie ist mir egal.

Spitz und scharf,
stechen, verletzen,
ein Schmerz.

An schlagenden Hufen,
auf trockenem Boden,
blutige Schritte,
die Flucht wird zur Qual.

Befreit und gerettet,
geflohen, entkommen,
ein Hauch.
Die schlagenden Hufe,
sie sind jetzt verklungen,
sanfte Schritte,
vorbei ist die Qual.

(Marvin, 15 Jahre)

68 / Täuflische Fehler

Aufgabe: Auffinden von Druckfehlern, die wörtlich genommen zu Aufhängern für Geschichten werden
Altersgruppe: ab 10 Jahre
Zeit: 45 Minuten

Zuvor bekommen die Schüler die Aufgabe, eine Woche lang auf Druck-, Tipp-, Schreibfehler in der Zeitung, auf Plakaten, etc. zu achten. Die Fehler sollen notiert oder ausgeschnitten werden. In der Tageszeitung werden wir fast immer fündig, ergiebig sind auch die Aushänge an Pinnwänden etwa im Supermarkt, manchmal auch die Tafeln beim Metzger, Speisekarten im Restaurant, Flugblätter, Werbebroschüren, usw. Auf spiegel.de/zwiebelfisch bietet Bastian Sick weitere Anregungen.

Vielleicht findet nicht jeder Schüler etwas, deshalb ist es gut, wenn wir uns bereits einen Fundus von Fehlern angelegt haben.

Da gibt es den Rollkrakenpullover und Rächerlachs, Schreibfischunterlagen und das Fitnessstudio mit Stiel sowie Aufforderungen: »Trink Wasser für Hunde!« oder die Schreibgruppe, die eine »Bucht vorstellt«.

Diese Fundstücke sind Ausgangsmaterial für fantastische Geschichten oder interessante zoologische Beschreibungen.

Die mitgebrachten Wörter werden auf Zettel geschrieben bzw. werden gleich die Zeitungsschnipsel verwendet. Sie liegen auf dem Tisch und jeder Schüler nimmt sich eins heraus. Nun soll das Wort wörtlich genommen werden!

Fragen drängen sich auf: Welche Vorteile/ Nachteile bieten Rollkrakenpullover gegenüber herkömmlichen Kleidungsstücken? Warum ist es gut, eine Schreibfischunterlage zu Hause zu haben?

Ist das Fitnessstudio am Stiel eine echte Alternative zu Eis am Stiel? Warum ist es sinnvoll, Wasser für Hunde zu trinken?

Erweiterung: Es kann eine Enzyklopädie seltener Tiere oder ungewöhnlicher Berufe zusammengestellt werden, jeweils mit kurzen Erläuterungen dazu.

Anmerkung:
Die Schüler beobachten ihre Umgebung genau, fangen an, Zeitungen durchzusehen. Sie stellen fest, dass auch Erwachsene nicht immer sattelfest in der Orthografie sind.

Beispieltext:
Die gemeine Rollkrake siedelt bevorzugt auf Strickpullovern. Schon häufig kam es zu Erstickungsanfällen seitens der Rollkrakenträger, da diese Tiere die Angewohnheit haben, sich bei Freude besonders innig um den Hals ihres Frauchens oder Herrchens zu schmiegen. Letzten Montag passierte es, dass sich ein ganz besonders großes Exemplar dieser seltenen Art um den Hals der Frau Meyer-Müller legte. Diese sagte noch »Ohhh«, dann fiel sie zu Boden. Die Rollkrake aber nutzte den Moment zur Flucht. Wo sie hin ist? Das weiß keiner.

(Kilian, 11 Jahre)

69/Fremde Landschaften

Aufgabe: Unbekannte Welten entdecken
Altersgruppe: ab 10 Jahre
Zeit: 45 – 60 Minuten

Als es noch keine Flugzeuge und keinen Massentourismus gab, war jede Reise ein Abenteuer. Man wusste nicht, was einen erwartete, wenn man die eigene Stadt verließ. In jedem Land sahen die Menschen anders aus, sie trugen nicht alle die gleichen Jeans und T-Shirts der bekannten Modelabel. Es konnte passieren, dass man von Einheimischen zu Kröteneintopf geladen wurde oder selbst das Essen sein sollte. Man hatte keine Ahnung, welche Landschaften sich jenseits der Wälder und Berge ausbreiteten, welche Tiere dort in den Sümpfen lauerten, welche Bräuche man auf den fernen Inseln pflegte. Nichts gegen Globalisierung, aber man muss nur mal im Buch »Die Reisen des Johann von Mandeville – Ein Reisebuch von 1356« blättern und versteht, wie unglaublich spannend allein die Vorstellung vom Reisen in früheren Zeiten war. Immerhin wissen wir heute, dass im Nahen Osten keine Menschen mit Hundeköpfen leben, dass keine Inseln von Riesen bevölkert werden und dass Ameisen keine Goldschätze bewachen. Eigentlich schade, oder?

Die Schüler bekommen Fotokopien von Landkarten, auf denen möglichst keine Orte angegeben sind, nur topografische Besonderheiten wie Berge, Flüsse, Seen etc. eingezeichnet sind. Nun werden sie aufgefordert, die Orte und Berge und Täler zu benennen. Im Buch »Dinotopia« von James Gurney landen Vater und Sohn nach einem Schiffbruch auf einer Insel, auf der Menschen und Dinosaurier friedlich zusammenleben. Vorne im Buch befindet sich eine Landkarte, auf der geheimnisvolle Ortsnamen zu lesen sind wie »Wasserfallstadt«,

»Schluchtenstadt«, »Kristallhöhlen«, »Zeittürme« etc. Auch in den Büchern von Tolkien und C. S. Lewis gibt es ungewöhnliche Orte.

Nachdem die Schüler Orte markiert und benannt haben, können sie anfangen, einen kurzen Text zu schreiben. Sie könnten sich vorstellen, nach einem Flugzeug- oder Schiffsunglück in diesem Land zu landen. Wie sieht es in eurem Land aus? Wer lebt dort? Es können auch wie in einem Reiseführer typische Landessitten, Trachten, traditionelle Gerichte und Tänze usw. beschrieben werden. Was erlebt ihr?

Beispieltext:
Ich erwachte zwischen hohen Farnen. Ich hatte keine Ahnung, wie ich hierhergekommen war, erst allmählich erinnerte ich mich, dass die Stewardessen hektisch durch die Gänge gelaufen waren, ich erinnerte mich an das Feuer auf der Tragfläche, an den Lärm. Aber da hörte die Erinnerung auch schon wieder auf. Ich rappelte mich hoch, meine Kleidung war schmutzig, ich hatte eine lange Schramme am Arm, mein Rücken schmerzte ein bisschen. Irgendwo knackte ein Wirbel, als ich mich aufrichtete, aber sonst war ich okay. Das Flugzeug. Es musste irgendwo in der Nähe sein. Besser das, was von ihm noch übrig war. Und die anderen Passagiere? Der Mann, der neben mir gesessen hatte, der mir gleich beim Anflug die Zeitung ins Gesicht geschlagen hatte, zum Glück nur die Zeitung, aber was dachte ich denn da, als wenn das jetzt noch eine Rolle gespielt hätte. Wo war ich? Wo waren die anderen? Ich machte ein paar unbeholfene Schritte. Der Boden war weich. Das Moos kissendick. In welche Richtung sollte ich gehen? Ach egal, ich ging einfach drauflos. Dornenbüsche zerrissen das, was von meiner Hose noch übrig war, zerkratzten mir die Beine, aber ich hielt nicht inne, wohl mehrere Stunden lang lief ich herum in der Hoffnung, etwas zu finden, was mit dem Flugzeugabsturz zu tun hatte. Aber als es dunkel wurde, hatte ich nicht ein einziges

Maschinenteil entdeckt, geschweige denn einen anderen Menschen. Ich trank aus einem Wasserloch, dann schlief ich ein.

Am nächsten Morgen hatte ich furchtbaren Hunger. Ich hatte Glück, ich entdeckte ein paar Beerenbüsche und schlug mir den Bauch damit voll, als ich plötzlich einen markerschütternden Schrei hörte. So etwas hatte ich noch nie gehört, und obwohl mir mein Herz vor Angst fast aus der Brust sprang, begann ich in die Richtung zu gehen, aus der der Schrei gekommen war. Es war nicht einfach, vorwärts zu kommen, immer wieder verhakten sich Dornen in meiner Haut, Schlingpflanzen wickelten sich um meine Arme und Beine, und alle paar Schritte musste ich stehen bleiben, um mich zu entwirren. Der Weg ging bergauf und ich hoffte, eine Anhöhe zu erreichen, von der aus ich mir einen Überblick verschaffen konnte, wo ich überhaupt gelandet war. Eine Insel, ein Land am Meer, ich meinte, mich zu erinnern, dass wir zuletzt Grönland überflogen hatten. War das also Kanada hier? Ich stieß mit dem Kopf an einen herabhängenden Ast, so heftig, dass ich für einen Augenblick Sterne sah und taumelte. Das würde ein schönes Horn geben! Ich betastete die Stelle und setzte mich auf einen Stein, der zwischen den niedrigen Büschen hervorragte. Und da sah ich diese Spur, wie ein Weg, der sich durch das Gras schlängelte, eine Spur wie von einer großen Schlange, die Pflanzen waren abgeknickt und verbogen, es war, als hätte mir jemand netterweise einen Weg durch den Urwald gebahnt, und ich beschloss, ihm zu folgen …

(Patricia, 18 Jahre)

70/Mehr als Eis essen und baden

Aufgabe: Das Sommerferienbuch
Altersgruppe: ab 10 Jahre
Zeit: 60 – 90 Minuten

Als das *Week-End Book* 1924 in Großbritannien erschien, wurde es ein großer Erfolg. Die erste Auflage war innerhalb weniger Tage vergriffen und es wurde in den nächsten vier Monaten fünfmal nachgedruckt. Seit kurzem gibt es eine Neuauflage des Klassikers (*Das Wochenend-Buch*), der heute skurril und *very british* erscheint. Auf über vierhundert Seiten findet sich alles, was auch nur annähernd mit Wochenende zu tun hat: Liedertexte, Sandwichrezepte, Tipps zum Zelten, Spiele, Liebesgedichte, was zu tun ist, wenn man am Wochenende verhaftet wird, welche Stimmen zu welchem Vogel gehören, wie man sich am Sternenhimmel orientiert, usw. *Das Wochenend-Buch* lässt sich an jeder beliebigen Stelle aufschlagen, und schon erfahren wir, was wir nie wissen wollten, aber das auf so charmante, unterhaltsame Weise, dass wir das nächste Wochenende kaum abwarten können. Und da Wochenenden immer so schnell herum sind, kommt schnell der Wunsch auf nach einem Montag-bis-Freitag-Buch, einem Herbst-Buch oder einem Ferienbuch.

Mitten im Schuljahr träumen Schüler gern von den Sommerferien, und so sollten sie eine Menge Dinge auflisten können. Beispielsweise Badeplätze, Kinofilme, Eisdielen, Ballspiele, Freizeitkleidung, Insektenplagen, Verwandtenbesuche, etc. Alles, was den Schülern zum Thema »Ferien« einfällt, sollte notiert werden. Nun wählt jeder Schüler eine Rubrik aus, zu der er mehrere kurze Texte verfasst. Das können lustige Ratschläge sein, etwa wie man mit Mücken und anderen Plagegeistern verfährt, was bei extremer Hitze zu vermeiden ist oder welche Nahrung sich zu welcher Tageszeit zu verzehren anbietet. Das können auch persönliche Erfahrungsberichte z.B. über Freizeitparks, Fußballplätze oder Reiseziele sein. Welche Lektüre empfiehlt sich für die Ferien und warum? Wo kann man baden, angeln, Skateboard fahren?

Anmerkung:
Diese Übung eignet sich gut für eine große Gruppe, die wir in mehrere Kleingruppen einteilen, die sich dann jeweils eine Rubrik vornehmen. Es bietet sich an, diese Übung über mehrere Unterrichtsstunden auszudehnen. Schön wäre es, die Texte würden tatsächlich in Buchform zusammengestellt, das kann ein einfaches Heft aus kopierten Blättern sein, sodass jeder Schüler ein »richtiges« Sommerferienbuch erhält.

Beispieltext:
Mein Tipp für sonnige Ferientage:
Du könntest dich mit einem Freund oder mehreren Freunden, wenn ihr habt, auf einem flachen Garagendach treffen. Auch eine verrückte Idee wäre, wenn du ein kleines Planschbecken mit sauberem, kaltem Wasser füllst und vielleicht noch ein paar Flaschen Fanta hineinschüttest. Dann könnt ihr zu den Nachbarn rüberschauen und durch die Fensterscheiben linsen.

Wenn die Garage lang genug ist, könntet ihr auf dem Dach Tennis spielen.

Wenn die Nachbarn sich beobachtet fühlen und zu euch sagen: »Verschwindet, guckt nicht immer zu uns rüber!«, solltet ihr für den Fall der Fälle ein Fenster geöffnet haben, das zur Garagenseite ausgerichtet ist. Das könnte dann euer Fluchtweg sein.

Eine Checkliste für Treffen auf Garagendächern:

1. Fenster öffnen

2. Genügend Tennisbälle oben haben
3. Das Planschbecken aufgepumpt haben
4. Eine Schleuder, womit ihr ungebetene Gäste verscheuchen könnt

Und natürlich nicht vergessen:

5. Eine Leiter zum Hoch- und Runterklettern

Wenn jemand versucht, euch die Leiter wegzunehmen, geht ihr einfach durch das Fenster ins Haus und steigt über die Treppe hinunter.

Später, wenn es dunkel wird, könntet ihr noch was im Fernsehen gucken: Fußball oder Spielfilme oder Tierfilme oder Wissenschaft und Medizin, aber das bleibt euch überlassen.

Wenn eure Freunde nach Hause gehen, vergesst nicht, euch für den nächsten Tag zu verabreden.

Das ist mein Sommerferientipp!

(Kilian, 11 Jahre)

71 / Haiku im Alltag

Aufgabe: Die Kunst der Reduktion
Altersgruppe: ab 12 Jahre
Zeit: 20 Minuten

Manche Leute behaupten, die Japaner würden immerzu Haikus vor sich hinsagen – wenn sie auf die U-Bahn warten, beim Bäcker in der Schlange stehen, die Brille putzen. Ich war noch nicht in Japan, ich weiß nur, dass die Schüler sofort »Das kann ich nicht« sagen. Kurze Zeit später können sie mit dem Silbenzählen gar nicht mehr aufhören.

Die Schüler bekommen japanische Haikus vorgelegt. Sobald sie das Schema durchschaut haben: 5 Silben in der ersten Zeile, in der zweiten 7, in der dritten wieder 5, können sie selbst anfangen. Eigentlich geht es in den traditionellen Haikus um Naturbetrachtungen, die Schüler können aber auch Themen aus ihrem Alltag nehmen.

Beispieltexte:
Frühling –
Seidene Blüten
Leicht getragen vom Winde
Im rosa Kleid

Baum –
Die dünnen Arme
Klammern sich hilflos ans Nichts
Gefangen am Stamm
(beides von Dilek, 18 Jahre)

72 / Auf dem Papier können wir's wagen

Aufgabe: Was ich schon immer sagen wollte …
Altersgruppe: ab 12 Jahre
Zeit: 20 Minuten

Beim Sport fangen wir erst mit Aufwärmübungen an, bevor wir zu unseren Tausendmeterläufen aufbrechen. So sollte es auch beim Schreiben sein. Ein paar kurze Übungen am Anfang lockern die Atmosphäre und nehmen die Anspannung, danach ist der Kopf frei für anspruchsvollere Aufgaben.

»Was ich schon immer sagen wollte …« – ausgehend von diesem Satz sollten die Schüler 5 bis 10 Minuten lang schreiben, was ihnen in den Sinn kommt. Schnelligkeit ist wichtig, also nicht lange überlegen, gleich loslegen.

Anmerkung:
Manchmal behaupten die Schüler, es gäbe überhaupt nichts, was sie schon immer mal sagen wollten. Dann können wir die Alternativübung »Was wir schon immer fragen wollten« (Schreibspiel Nr. 73) anbieten. Meistens stellt sich aber schnell heraus, dass den Schülern doch eine Menge auf der Zunge liegt.

Beispieltexte:
Was ich schon immer sagen wollte: »Ihr könnt mich alle mal, lasst mich gefälligst schlecht drauf sein, wenn ich das will«, zu all den mitleidfreudigen Idioten, die sich mit ihrer schleimigen Ader in meinen Frust fressen und mich für sie gewinnen wollen. [...] Was soll der Müll, warum kann man mich nicht einfach in Ruhe lassen, ich will mich doch nur von euch abgrenzen, nur kurz, ihr kennt mich doch, hoffe ich, in zwei, drei Tagen geht's mir doch eh wieder gut!

(Marvin, 15 Jahre)

Ich wüsste nicht, was ich schon immer mal sagen wollte. Fragen wollte ich schon immer mal meine Mutter, warum ich immer alles erledigen muss und nicht meine anderen beiden Geschwister. Sonst wollte ich meinen Onkel mal fragen, ob das, was er gerade gesagt hat, Ironie ist oder Ernst. Mit seinen vielen Witzen bringt er einen ganz durcheinander. Außerdem wüsste ich auch zu gern, warum mein Geschichtslehrer immer mich drannimmt, obwohl ich mich gar nicht gemeldet habe. Ich meine, es gibt doch noch 24 andere Schülerinnen und Schüler in meiner Klasse.

(Simone, 14 Jahre)

73 / Jetzt ist die Gelegenheit

Aufgabe: Was ich schon immer fragen wollte …
Altersgruppe: ab 12 Jahre
Zeit: 20 Minuten

Hier ist die Alternativübung zu Schreibspiel Nr. 72 (Was ich schon immer sagen wollte).

Ausgehend von dem Satz »Was ich schon immer fragen wollte« sollten die Schüler 5 bis 10 Minuten lang schreiben, was ihnen dazu einfällt.

Anmerkung:
Diese kurze Aufwärmübung eignet sich gut zum Kennenlernen.

Beispieltext:
Was ich schon immer fragen wollte, ist, wie können manche Menschen mit wenig Geld sich ständig die teuersten Sachen kaufen?

Oder: Wie fühlt sich der Tod an? Man sagt ja, bevor man stirbt, zieht das ganze Leben nochmal vor den Augen her. Aber stimmt das? Diese Frage wird mir bestimmt nie beantwortet werden.

Woher kam der Glaube, dass Gott die Welt erschaffen hat? Eigentlich ist es doch absurd, aber trotzdem glauben die Menschen daran.

Oder aber ich frage mich, wie die Menschen früher gelebt haben. Vielleicht werden sich die Menschen in zwanzig Jahren auch fragen, wie konnten die Menschen früher nur unter solchen Umständen leben?

Wenn ich mir Filme ansehe, frage ich mich, wie kann ein Schauspieler einer Kamera, die nur einen Meter von seinem Gesicht entfernt ist, dennoch so glaubwürdig seine Gefühle rüberbringen? Sicher, das ist die Kunst am Schauspielern, aber trotzdem, wie kann man das?

(Vanessa, 14 Jahre)

74/Pippi Langstrumpf, Harry Potter oder lieber Heidi?

Aufgabe: Ich als Romanfigur
Altersgruppe: ab 12 Jahre
Zeit: 20 Minuten

Ob Pinocchio oder Alice, Fräulein Smilla oder Scarlett O'Hara – an Helden aus Büchern erinnern wir uns wie an echte Menschen. Auch wenn wir die Geschichte selbst fast vergessen haben, die Hauptfigur ist uns noch gut im Gedächtnis. Wir haben mit ihr gelitten, uns um sie gesorgt und mit ihr gefreut.

Die Schüler sollen überlegen, welche Romanfiguren ihnen besonders gefallen haben: Wenn ihr eine Person in einem Buch sein könntet, wer wärt ihr gern? Begründet eure Wahl.

Beispieltexte:
Wenn ich eine Romanfigur wäre, wäre ich gerne Harry Potter. Dann könnte ich auf Besen fliegen, mich in einer Sekunde von einem Ort zum anderen bewegen und müsste kein Mathe lernen. Ich könnte viele neue Wesen kennenlernen und die magische Welt entdecken.

(Nina, 14 Jahre)

Wenn ich eine Romanfigur sein würde, dann am liebsten Catalina aus dem Buch »Malfuria«. Innerhalb eines Tages verändert sich die ganze Welt und sie ist diejenige, die alles wieder richtig hinbekommen muss. Nur muss sie jedes Mal, wenn sie etwas ändert, einen Menschen, der ihr nahe steht, dafür sozusagen »opfern«. Sie weiß also nicht, was sie tun soll, und wie sie es tun soll, da alles Gute, das sie tut, jemandem etwas Schlechtes zufügt.

(Vanessa, 14 Jahre)

75 / Literarische Schnappschüsse

Aufgabe: Fotografieren ohne Kamera
Altersgruppe: ab 12 Jahre
Zeit: 30 Minuten

Der Schweizer Journalist Peter K. Wehrli begab sich 1968 auf eine Reise von Zürich nach Beirut. Als sein Zug aus dem Bahnhof rollte, merkte Wehrli, dass er die Kamera vergessen hatte. Nachdem sich der erste Schrecken gelegt hatte, beschloss er, seine Eindrücke schreibend festzuhalten – sozusagen als schriftliche Schnappschüsse. Alles, was er sonst fotografiert hätte, bannte er nun in Worten auf das Papier. So entstanden eindrucksvolle Miniaturen, die wie Fotos seine Reiseimpressionen festhalten, nachzulesen im Buch »Katalog von Allem«.

Die Schüler werden aufgefordert, sich an eine Reise oder einen Ausflug zu erinnern. Das kann auch etwas vermeintlich Unbedeutendes sein, etwa die Fahrt mit dem Bus oder Fahrrad zur Schule.

Stellt euch vor, ihr hättet einen Fotoapparat dabei gehabt. Was hättet ihr fotografiert? Den krüppeligen Apfelbaum neben der Bushaltestelle? Den Mann im weißen Unterhemd, der die Rollläden an seinem Fenster hochgezogen hat, gerade als ihr vorbeigingt? Die Fahrradfahrerin mit dem blauen Rucksack, aus dem das Lineal herausschaute? Den Jungen, der beinah den Bus verpasst hätte und sich im letzten Moment pustend durch die Tür zwängte?

Achtet auf die Einzelheiten! Versucht, eure Eindrücke jeweils in ein, zwei Sätzen, aber möglichst gut beobachtet, aufzuschreiben!

Beispieltext:
Die Lehrer mit den Klausurheften auf den Knien, die schwarzen Ledertaschen zwischen den Füßen, die blauen Blousons oben am Haken.

Das rote Bonbonpapier, das in Norddeich über den Anlegeplatz flattert, bevor es in der dunkelgrauen Nordsee verschwindet.

Die Pfähle, die aus dem Meer ragen, jeder gekrönt von einer Möwe.

(Patricia, 18 Jahre)

76 / Mein Lied

Aufgabe: Lieder sind Erinnerungen
Altersgruppe: ab 12 Jahre
Zeit: 30 Minuten

Lieder sind ähnlich wie Gerüche: sie berühren uns unmittelbar, ohne dass wir uns dagegen wehren können. Wenn wir alte Lieder im Radio hören, sind uns plötzlich zurückliegende Dinge wieder präsent. »99 Luftballons« und ich trage meinen getigerten Minirock und bin in der 7. Klasse. »Sugar sugar baby« und meine Mutter bekommt ihren verklärten Blick. »Gib mir noch ein Zuckerstückchen für mein kleines Pony« und ich kann die langen Haare meiner Kindergärtnerin sehen. Aber was ist mein Lied? Das Lied, das mich glücklich macht, wenn mich der Radiowecker damit aus dem Schlaf reißt? Das Lied, das ich unter der Dusche singe?

Die Schüler sollen sich für ein Lied entscheiden, das ihnen am meisten bedeutet. Das kann ein Lied aus den aktuellen Charts sein, es kann aber auch älter sein. Schreibt, warum euch dieses Lied so gut gefällt! Woran erinnert es euch? Was macht ihr, wenn ihr es hört?

Erweiterung: Es kann ein ganzer Soundtrack zusammengestellt werden, etwa 5 bis 8 Lieder, die möglichst für bestimmte persönliche Zeitabschnitte stehen. Zu jedem Lied folgt ein kurzer Text, etwas, woran sie euch erinnern, etwas, das typisch ist für diese Zeit.

Anmerkung:
Diese Aufgabe lockert die Atmosphäre in der Gruppe auf. Oft werden die Lieder angesungen, jeder hat sie auf einmal im Ohr. Es eignet sich auch gut als Kennlernspiel. Vor allem ältere Schüler, die dem Schreiben gegenüber skeptisch sind, kommen aus sich heraus.

Beispieltext:
Ich schaute Fernsehen, zappte durch die Kanäle und blieb bei »Top of the Pops« hängen, was schon merkwürdig war, weil ich diese Sendung normalerweise ablehnte. Dieses Mal jedoch blieb ich hängen. Zum Glück. »By the way«, der Song der Red Hot Chili Peppers erklang, und er fesselte mich sofort. Kaum war er zu Ende, schon wollte ich ihn erneut hören, sofort! Aus diesem Song, aus dieser Band, von der ich vorher nur den Namen kannte und nichts mit ihr verband, entwickelte sich langsam ein Musikgeschmack, mein eigener, der von Jahr zu Jahr stärker wird, sich immer mehr ausweitet, sich entwickelt.

»Vertigo« von U2, die ich bis dahin noch gar nicht kannte. Eine Internetbekanntschaft mit tollem Musikgeschmack schickte ihn mir. Es war Sommer, und ich drehte die Boxen auf, wurde von dem Lied gepackt, welches eine Freude in mir entfachte, mich den Sommer lieben ließ.

»New Slang«, ein Song der unglaublichen Shins. Das erste Mal hörte ich ihn in dem Film »Garden State«. »Dieser Song wird dein Leben verändern«, so oder so ähnlich drückte sich die Schauspielerin aus. Ein Song zum Schweben, zum Nachdenken, mit so leichten Melodien, die mich einfach mit fortnehmen.

Der Song »Lemon Tree«, den ich schon früher liebte, das Klirren am Anfang. Und wie wir ihn auf der Klassenfahrt im Bus sangen, immer und immer wieder, bis uns der Busfahrer das Singen verbot.

»Postcards from Italy« von Beirut, ein ganz anderer Song, mit anderen Klängen, mit Trompeten, die mein Herz schneller schlagen lassen. Der Song, den ich tagelang immer und immer wieder spielte, bis ihn meine Familie auch hören wollte. Ein Lied, so anders, so wundervoll.

Musik, so weltbewegend.

(Lisa, 17 Jahre)

77 / Zeig mir deine Postkarte!

Aufgabe: Bilder erzählen lassen
Altersgruppe: ab 12 Jahre
Zeit: 30 Minuten

Schreibwarenläden haben etwas unglaublich Verführerisches. Diese Läden, in denen es so gut nach Papier riecht und wo es genau die Notizbücher gibt, nach denen wir so verrückt sind. Dort finden wir auch Postkarten. Als Schreiblehrer sollten wir uns einen Vorrat davon anlegen. Wir können sie auch selbst basteln, indem wir interessante Bilder aus Zeitschriften schneiden und auf Karton kleben. Je dicker der Karton, desto kostbarer wirken die Bilder. Und umso besser eignen sie sich für Schreibaufgaben.

Der Schreiblehrer legt auf einem Tisch oder auf dem Boden viele Postkarten aus. Es sollten mindestens dreimal so viele Karten wie Schüler sein, sodass viele Motive zur Auswahl bleiben. Die Karten dürfen sich überlappen, es ist gut, wenn darin gekramt wird. Die Schüler sollten sich um die Postkarten herumbewegen, sich schließlich für ein Bild entscheiden, das etwas mit ihnen oder ihrer momentanen Situation zu tun hat. Warum habt ihr diese Karte ausgewählt? Was gefällt euch daran? Woran erinnert euch das Motiv? Ihr könnt auch das Bild beschreiben, vielleicht eine kurze Geschichte dazu erfinden.

Anmerkung:
Diese Übung eignet sich gut als Kennlernspiel oder als Aufgabe für den späten Vormittag bzw. Nachmittag, wenn die Konzentration nachgelassen hat. Das Herumlaufen und Kramen in den Postkarten erfrischt die Gruppe.

Beispieltext:
Jeder ist eine Insel, verloren im tiefblauen Ozean, umspült und verwitternd. Festungsmauern um uns, wo das Meer endet beginnen sie, teilweise eingerissen, gebrannt von der Sonne, zerfressen vom Meer, und trotzdem undurchdringlich, uneinnehmbar und undurchsichtig. Alt und starr im tiefen Ozean. In der Mitte eine Ruine, leere Wände, wo früher mal ein Haus stand, das Herz der Festung lange schon zerbrochen, nie wieder aufgebaut. Einige Bäume im Inneren trotzen der Hitze, trotzen dem Meer, trotzen der Einsamkeit. Früher oder später sind auch sie verdorrt, verblüht und leere Hülsen ihrer alten Gestalt. Das Leben wartet eben nicht.

(Max, 19 Jahre)

78 / Vom Verschwinden

Aufgabe: Dinge, die ich verloren habe
Altersgruppe: ab 12 Jahre
Zeit: 30 Minuten

Wir sind umgeben von den verschiedensten Dingen: Stiften, Tischen, Büchern, Tassen, Handtüchern, Kleidungsstücken, usw. An die meisten Dinge haben wir uns gewöhnt, manche nehmen wir kaum noch wahr, wieder andere bedeuten uns viel. Und dann gibt es die Dinge, die uns deshalb so gut im Gedächtnis sind, weil wir sie verloren haben. Vielleicht vermissen wir dieses eine Buch, das wir verliehen und nie zurückbekommen haben. Vielleicht grübeln wir immer noch, wohin unser Lieblingsfüller verschwunden ist. Vielleicht sind wir froh, dass wir die kratzige grüne Mütze im Bus liegen gelassen haben. Wie dem auch sei, die Dinge, die wir verloren haben, spielen meist noch immer eine Rolle für uns.

Die Schüler werden aufgefordert, über Dinge zu schreiben, die sie verloren haben. Manchmal sind es auch Orte oder Menschen, die wir vermissen. Darüber kann natürlich auch geschrieben werden.

Anmerkung:
Diese Übung eignet sich gut zum Kennenlernen.

Beispieltext:

Meine Steinsammlung, die immer im Keller war. Bis zu dem Tag, an dem ich mit dem Bestimmungsbuch aus der Bücherei kam und ich mir sicher war, dass da unten wahre Schätze lagern würden. Da waren die Steine nicht mehr auffindbar.

Eine Tasche mit kleinen Büchern. Ich hatte sie mit auf die Wiese genommen und dann, als der Hausmeister mit dem Rasenmäher kam, wurden wir verjagt und ich habe sie vergessen. Später war die Tasche weg. Die Bücher auch.

Mein Schlüssel, als ich zehn war. Ich saß den halben Nachmittag im Regen vor der Tür und hatte schreckliche Angst, dass meine Mutter nach Hause kommen würde. Gleichzeitig wollte ich natürlich, dass sie endlich käme. Am Ende war ich pitschnass, hatte einen Schnupfen und Angst, dass jemand meinen Schlüssel gefunden hatte und bei uns einbrechen würde. Davon abgesehen hat meine Mutter ordentlich geschimpft.

(Sina, 14 Jahre)

79 / Was sich dahinter verbirgt

Aufgabe: Haustüren
Altersgruppe: ab 12 Jahre
Zeit: 30 Minuten

Bilder von Haustüren sind ungemein anregend – wie am Bucheinband zu sehen ist. Es gibt ganze Postkartenserien zu diesem Thema, wir können aber natürlich auch selbst losgehen und Haustüren fotografieren oder entsprechende Motive aus Zeitschriften schneiden. Schön ist, wenn es nicht nur Türen aus der heimischen Gegend sind. (Es gibt ja regional große Unterschiede: die bemalten Holztüren Skandinaviens oder die pittoresk verwitterten Türen des Mittelmeerraums, oder Türen feudaler Anwesen, von Bauernhäusern, Mietskasernen.)

Aus einem Stapel von Haustürbildern wählt jeder Schüler ein Motiv aus, am besten spontan. Dann kann es losgehen: Stellt euch vor, ihr klopft/ klingelt an dieser Tür an. Wer würde euch öffnen? Vielleicht habt ihr einen Spaziergang gemacht, euch verlaufen, eure Gruppe verloren, ihr habt Durst oder wollt nach dem Weg fragen oder ein Interview machen. Wer wohnt hinter dieser Tür, wie sieht es innen aus, was ist gerade geschehen, was passiert, wenn man euch hineinbittet? Lasst der Fantasie freien Lauf!

Ihr könnt auch beginnen, indem ihr zunächst das Haus von außen beschreibt.

Beispieltext:
Die Hühner scharren auf dem Hof, meine Schritte erschrecken sie, gackernd und flügelschlagend suchen sie das Weite. Eine bedrückende Stille legt sich über das Gebäude. Ich trete näher, nichts ist zu hören, sogar das Rauschen des Windes ist verstummt.

Noch ein Schritt, ich bin an der Tür. Meine Hand bewegt den rostigen Türklopfer. Nichts. Ich klopfe erneut. Wieder nichts. Meine Gedanken kreisen wirr in meinem Kopf herum, und ohne wirklich zu überlegen, drücke ich gegen die Tür. Sie öffnet sich mit einem lauten Knarren.

»Hallo«, rufe ich. Immer noch keine Antwort. Ich wage einen Schritt, im Licht der verdreckten Fenster wirbelt Staub. Mir schlägt ein fauliger Geruch in die Nase, als ich ganz eintrete. Der Raum ist leer, soweit ich das beurteilen kann. Nur eine Tür in der hinteren Ecke, ich trete näher, will sie öffnen, doch sie ist verschlossen …

(Marvin, 15 Jahre)

80 / Spätere Heirat nicht ausgeschlossen

Aufgabe: Was sind denn das für Typen?
Altersgruppe: ab 12 Jahre
Zeit: 45 Minuten

Geschichten brauchen Personal. Aber woher nehmen? Klar, wir können über unsere Mutter, unseren Bruder, die beste Freundin und den nervigen Mitschüler schreiben, aber was, wenn unsere Geschichte nach anderen Figuren verlangt? Nach grantigen alten Fischern? Oder alleinerziehenden Biologinnen ?

Es werden Porträtfotos herumgereicht von unbekannten Personen. Die können wir vorher aus Zeitschriften ausgeschnitten haben, ergiebig ist auch der Harenberg Literaturkalender, der für jeden Tag das Porträt eines Schriftstellers bereit hält. Von diesen Fotos wählt jeder Schüler spontan eins aus. Wichtig ist, dass auf der Rückseite oder unter dem Foto keine Angaben über den Abgebildeten zu lesen sind, das schränkt die Fantasie ein. Nun sollen sich die Schüler Gedanken machen. Wer ist das auf dem Bild? Wie alt mag er sein? Was arbeitet er? Seine Hobbys? Hat er Kinder oder Haustiere? Wo lebt er? …

Nachdem jeder ein kleine Beschreibung verfasst hat, wird ein zweites Porträt ausgeteilt. Wer vorher eine Frau hatte, nimmt jetzt einen Mann und umgekehrt. Dasselbe Spiel noch einmal. Wer ist die Person auf dem Bild? Es sollte nicht zu lange geschrieben werden, fünf bis zehn Minuten reichen.

Nun kommt der spannendste Teil. Stellt euch vor, diese beiden haben sich über eine Annonce kennengelernt, z.B. der humorvolle Katzenliebhaber und die einsame Politikstudentin, oder der wanderbegeisterte Fernfahrer und die motorradfahrende Schauspielerin. Lasst beide einen kurzen Bericht über ihr erstes Treffen schreiben.

Wie denkt der eine über den anderen? Hat ihnen das Treffen Spaß gemacht, war es unangenehm? Werden sie sich wiedersehen?

Anmerkung:
Meistens gibt es bei dieser Übung viel zu lachen, vor allem wenn die Personen auf den Fotos nicht mehr jung sind. In der Regel genießen es die Schüler, ihre Kandidaten in groteske Situationen zu bringen.

Beispieltext:
Wir nennen ihn Detlef den Denker, meistens jedenfalls, manchmal nennen wir ihn auch Didi, einfach Dusseldidi. Detlef ist 39 Jahre alt und wird – behauptet er – in 121 Tagen, sechs Stunden und 45 Minuten 40. [...]

Wir, Detlefs Schüler, suchen eine Frau für ihn, die sein Leben wieder in menschliche Bahnen lenkt, das Haus vor dem Zusammenbruch bewahrt, die gefährlichen Chemikalien vernichtet und die für den netten, liebenswerten Didi auch einfach mal aufräumt.

Gesucht wird eine Putzfrau.

Also ich muss ja sagen, dieser Kerl war ja ein Würstchen sondergleichen! Zuerst dachte ich ja, dieser junge Hüpfer (immerhin bin ich ja schon 63) braucht mal eine tragende Kraft im Haushalt, eine führende Hand. Gisela, habe ich mir gesagt, das ist ein Fall für dich!

Bin ich da also hin, und was sehe ich als Erstes? Unkraut in seinem Vorgarten! Unkraut im Vorgarten! Wir sind hier doch nicht bei Hempels unterm Sofa!

Nun ja, als ich dann den ersten Schock überwunden hatte, habe ich erst mal geklingelt, und was erlaubt sich dieser wirre Kerl? 15 Minuten hat es gedauert, bis er mir die Tür geöffnet hatte! Zu dem Zeitpunkt war ich schon längst dabei, das Unkraut herauszurupfen.

Und was sagte der undankbare Schuft dazu? Die Finger solle ich von seinen Pflanzen lassen, er würde sie züchten, um ein wirksames Gegengift – von ihm erfunden – an ihnen zu testen!

Auf diesen Schreck brauchte ich erst einmal einen Schluck Wasser, also bin ich an diesem Hänfling vorbeimarschiert, habe mir ein Glas mit rosa Flüssigkeit geschnappt und es gespült. Bei dem Chaos, was in dem Haus herrschte, war kaum zu unterscheiden, was sauber und was dreckig war, falls überhaupt irgendwas sauber war.

Dieser Detlef kam mir hinterher, nachdem er lange genug um sein Unkraut getrauert hatte, und starrte mich durch seine tellergroßen Brillengläser ungläubig an. Daraufhin fragte ich ihn, ob er noch nie eine Frau gesehen hätte, die auch mal durchgreifen kann.

Nach zehn Minuten des weiteren Anstarrens hob er seinen Arm und zeigte auf mein Glas, dann brachte er das Wort »Weggeschüttet?« mühsam hervor. »Ja sicher habe ich das weggekippt, oder soll das Zeug hier noch stehen, bis es Schimmel ansetzt?«, habe ich ihn angeblafft. Völlig entgeistert raufte er sich die Haare, immer und immer wieder, und immer mehr Schuppen rieselten auf den sowieso schon dreckigen Boden.

»Wer sind Sie überhaupt, und was wollen Sie hier?«, fragte er schließlich. Zu diesem Zeitpunkt war mir wahrlich der Kragen geplatzt. Ich machte mir die Mühe, zu ihm zu fahren, und er hatte unsere Verabredung vergessen?

Voller Zorn griff ich nach dem nächsten, mit silberner Flüssigkeit gefüllten Becher und pfefferte ihn ihm vor die Füße. Dieses Mal schien es sich wiederum um eines seiner tollen Experimente zu handeln, denn mit dem Aufprall der Flüssigkeit entstand eine riesige Stichflamme, was diesen mickrigen Professor zum hektischen Schreien veranlasste.

Hierauf verließ ich diese Bruchbude, sollte er doch in seinem Feuer verkommen!

(Lisa, 17 Jahre)

81 / Bösewichter

Aufgabe: Böse Typen gibt es überall
Altersgruppe: ab 12 Jahre
Zeit: 45 Minuten

Wir erinnern uns gut an Leute, die uns gemeine Dinge angetan haben. Egal, wie lange das Erlebnis zurückliegt, wir haben es lebhaft im Gedächtnis, wir wissen noch die Worte, die uns damals verletzt haben, wir können Einzelheiten konstruieren wie die dichten Augenbrauen oder den muffigen Geruch des anderen. Vielleicht erinnern wir uns nicht gern, aber wir erinnern uns genau, und das kann für das Schreiben nur von Vorteil sein.

Die Schüler werden aufgefordert, sich an eine Begegnung mit einem fiesen Typen zu erinnern. Wie war das damals mit den großen Jungs, die euch auf dem Nachhauseweg vom Kindergarten den gebastelten Osterhasen zertreten haben? Oder das Mädchen, das euch mit Rollschuhen gegen die Schienbeine getreten hat? Und wisst ihr noch, der Hausmeister, der euch den Flummi abgenommen und bei den Eltern verpetzt hat? Schreibt die Szene kurz auf, so wie sie euch im Gedächtnis geblieben ist.

Im zweiten Teil versetzt ihr euch in die Rolle des »Bösewichtes«. Schreibt als Ich-Erzähler aus seiner Perspektive. Seid gemein und fies. Benutzt seine Sprache.

Anmerkung:
Aus der Perspektive des Fieslings zu schreiben, kostet manche Schüler Überwindung. Gleichzeitig wird es oft als befreiend empfunden.

Wenn beide Texte vorgelesen wurden, können wir gemeinsam überlegen, welcher Text der interessanteste ist (meistens ist es der zweite).

Beispieltext:
Teil 1
Ich bog um die Ecke und trat auf den Schulhof. Puh, gerade noch rechtzeitig. Jacqueline kam auf mich zugelaufen.

»Du bist aber heute spät!«

»Ich weiß, komm wir gehen in die Klasse, es hat geschellt.«

Es war Sommer und schon ziemlich warm im Klassenraum. Alle Fenster standen offen. In der ersten Stunde hatten wir Sachunterricht. Ich hatte mich gerade auf meinen Platz fallen lassen, da kam meine Lehrerin herein. Zur Begrüßung sangen wir immer »Guten Morgen, guten Morgen, buongiorno, buongiorno, buenas dias, buenas dias, good morning, good morning«. Ich drehte mich um, hinter mir saßen wie immer die beiden Lieblinge der Lehrerin. Ira und Carla, die gemeinen, intriganten Zwillinge.

Carla warf mir einen fiesen Blick zu und ich drehte mich schnell wieder um. In der zweiten Stunde hatten wir Kunst bei Frau Brandt. Ich musste einen Roboter zeichnen. Und die beiden besten Bilder der Klasse hatten natürlich Ira und Carla.

Es schellte, endlich Pause. Ich ging auf den Schulhof. In der großen Pause spielte ich immer Ringelpit an den Tischtennisplatten mit meinem Flummi, da war eine große Gummispinne drin. Eva und Jaqueline warteten schon. Von hinten kniff mich jemand in den Arm. Ich drehte mich um und sah Ira an. Hinter ihr stand Carla mit den anderen Mädchen aus meiner Klasse. Sie sahen mich an und dann rief eine: Los! Dann umzingelten sie mich und begannen mich zu schubsen und zu hauen. Eine gegen eins, zwei, fünf, neun, zwölf, wie unfair. Ich versuchte mich zu wehren und Jaqueline und Eva kamen herbei, um mir zu helfen. Wo waren die Lehrer, wenn man sie brauchte?

Ich schlug um mich, doch sie ließen mich nicht in Ruhe. Plötzlich hörte ich einen Schrei. Sie hörten auf, mich zu hauen, und drehten sich um. Marie-Christine hielt sich das Ohr fest. Carla holte schon die

Lehrerin. Marie-Christine grinste nur und sagte: »Jetzt bekommst du Ärger.« Sie erzählte der Lehrerin, dass ich sie geschlagen und ihr Ohr getroffen hatte. Da wurde sie nämlich vor einem halben Jahr operiert, weil sie vorher Segelohren hatte.

»Na toll, immer bin ich die Dumme. Dabei weiß ich doch gar nicht, warum sie mich nicht mögen, ich habe ihnen doch nichts getan«, dachte ich. Aber zum Glück bekam ich keinen Ärger, weil die Lehrerin mir glaubte.

Die zweite Klasse ist wirklich hart. Da geht es um Leben und Tod und wer sich nicht wehren kann, wird zurückgelassen.

Teil 2

Ich sah sie auf den Schulhof kommen, mit ihrem Amigo Tornister, auf dem Einhörner waren. Wie kindisch. Ich blickte zu Ira und wusste, dass sie das Gleiche dachte: Heute war sie fällig!

Ich folgte Ira in die Klasse und sah aus dem Augenwinkel, wie Jaqueline, diese Ziege, auf Nina zulief. Pah, die kommen sich ja so toll vor mit ihrem Flummi. Wie immer hatte Nina es nur noch knapp in die Klasse geschafft, bevor unsere Lehrerin reinkam. Wir sangen unser Begrüßungslied und setzten uns. Dann drehte sie sich zu mir um. Ich wusste, dass sie Angst hatte. Ist es nicht toll, wenn man sogar bei den Lehrern beliebt ist? Da kann man die ganzen Vorteile richtig ausnutzen. Die hatte ich ja schon nach wenigen Tagen um den Finger gewickelt. Aber es kann ja nicht jeder so toll sein wie ich und Ira. In der zweiten Stunde hatten wir Kunst. Wir sollten einen Roboter malen. Da unsere Lehrerin gestern mit meiner Mutter telefoniert hatte, wusste ich das schon. Also habe ich zusammen mit Ira die Putzfrau angestiftet, uns die Bilder zu malen, die war ja wohl nicht umsonst auf einer Kunstschule gewesen und schließlich bezahlten wir sie ja. In einem unbeobachteten Moment tauschte ich mein Bild gegen das der Putzfrau aus. Dann schellte es. Ich und Ira wussten, was zu tun war. Wir gaben den anderen Bescheid, die wir vorher bezahlt hatten. Der Moment des großen Kampfes war gekommen! Alle, die versuchen, uns das Zepter zu entreißen, werden sofort gnadenlos vernichtet, und Nina stellt eine Bedrohung dar. Auf dem Schulhof stand sie schon an der Tischtennisplatte. Wie kindisch, es gibt doch Wichtigeres, als mit Flummis zu spielen. Ich kniff sie in den Arm und konnte kaum erwarten, sie fertig zu machen. Jemand rief »Los!« und wir umkreisten sie, um ihr den entscheidenden Stoß zu verpassen. Ich genoss jeden Schlag. Jetzt war Marie-Christine dran. Bei ihrem Schrei lief ich los, um die Lehrerin zu holen. Ich führte sie zum Tatort und erzählte ihr, dass Nina auf Marie-Christine losgegangen war. Diese Kuh von Lehrerin musste auch unbedingt die kleinen Schwachen in Schutz nehmen. Nina bekam natürlich keinen Ärger, unsere Mission war gescheitert.

(beide Texte von Nina, 14 Jahre)

82 / Wer spricht da?

Aufgabe: Die Kunst, Dialoge zu schreiben
Altersgruppe: ab 12 Jahre
Zeit: 45 Minuten

Immer wieder fragen Schüler, woran es liegt, dass ihre Dialoge unecht wirken oder einfach nur langweilig sind. Dabei haben sie doch gestern im Bus genau hingehört und aufgeschrieben, was die Dame im blauen Kleid mit ihrer Tochter gesprochen hat. Aber war das wirklich so interessant? Gute Dialoge finden sich meistens in Büchern, weniger im echten Leben. Es geht nicht nur um das, was gesagt wird, sondern vor allem darum, was wir verschweigen. Wir müssen also zwischen den Zeilen lesen, manchmal Mut zur Lücke beweisen. Keine Angst, natürlich erwartet keiner, dass wir wie Hemingway schreiben, aber trotzdem lohnt sich der Blick in seine Romane, um zu sehen, wie spannende Dialoge funktionieren, die die Handlung vorantreiben und nicht auf der Stelle treten.

Der Schreiblehrer legt den Schülern Fotos von leeren Stühlen, Sesseln, Parkbänken etc. vor. Nun stellt euch vor, wer da sitzt. Seid ihr das mit einem Freund? Oder nimmt ein Fremder neben euch Platz? Oder belauscht ihr zwei Personen? Achtet darauf, dass sich die Stimmen der Personen voneinander unterscheiden. Die beiden müssen ja nicht miteinander streiten, aber unterschiedliche Meinungen kommen immer besser als zu viel Harmonie.

Es kann auch ein Anfangssatz vorgegeben werden wie z.B. »Was soll ich denn heute Abend anziehen?«.

Beispieltext:
Hinter mir hörte ich knirschende Schritte, die langsam auf mich zukamen. Als ich neben mir den zweiten Stuhl knacken hörte, öffnete ich die Augen. Neben mir saß eine alte Frau mit schütterem weißen Haar, das leicht blau gefärbt war. Ihr Mund stand offen, und ich konnte kleine, spitze, gelbe Zähne sehen. Sie sah mich interessiert an.

»Na, meine Liebe, wie gefällt es Ihnen hier?«

»Ach ja, eigentlich sehr schön, nur das Wetter lässt manchmal zu wünschen übrig.«

»Da haben Sie recht. Heute ist es seit langem endlich mal wieder schön. Sie sind doch bestimmt zur Kur hier. Schließlich läuft man als anständiger Mensch nicht mit einem Bademantel herum, oder?«

»Ja, Sie haben recht. Ich bin zur Kur hier.«

»Was ist Ihnen denn passiert?«

»Nun ja, das sind private Gründe.«

»Ach kommen Sie, Liebes! Das können Sie mir ruhig erzählen. Es erfährt auch niemand.«

»Nein, es geht Sie nichts an. Und nennen Sie mich nicht Liebes!«

»Was ist denn das für ein Ton? Ich glaube, wir sollten ein wenig Sekt trinken, das entspannt.«

»Danke, aber ich möchte nichts mit Ihnen trinken. Der Arzt hat mir Alkohol verboten. Auch der Psychologe meinte, ich sollte meinen Schmerz nicht ertränken, nicht so kurz nach …«

»Was ist denn, meine Liebe? Reden Sie ruhig weiter!«

»Nein, ich lasse mich nicht von Ihnen aushorchen! Ich denke, es ist besser, wenn ich jetzt geh.«

»Aber nein, tut mir leid, wenn ich Sie zu etwas dränge, das sie nicht wollen.«

»Nun gut. Warum sind Sie eigentlich hier?«

»Ich wohne hier. Nun sagen Sie schon, warum sind Sie hier? Ich meine, Freundinnen werden es schon niemandem verraten.«

»Ach, jetzt sind wir schon bei Freundinnen?«

»Nun, seien Sie doch nicht so dickköpfig!«

»Ich und dickköpfig. Wer möchte denn hier ständig alles wissen?«

»Ich verstehe Sie schon, los, geben Sie sich einen Ruck!«

»Gar nichts verstehen Sie. Sie sind, ach, fahren Sie doch zur Hölle!«

»Na ja, auch gut. Wissen Sie, ich bin die Verwalterin im Kurhaus. Früher oder später kriege ich doch alles raus.«

(Vanessa, 14 Jahre)

83 / Mein Ort

Aufgabe: Interessantes in der eigenen Stadt aufspüren
Altersgruppe: ab 12 Jahre
Zeit: 45 Minuten

Meine Stadt, mein Viertel, selbst meine Straße ist ein Kosmos für sich. Hier leben die verschiedensten Leute. Es gibt Reihenhäuser, Mehrfamilienhäuser, Büros, Geschäfte, Kneipen, Gärten, Spielplätze, Fußballfelder, Automaten, Briefkästen, Laternen, usw. Wir kennen die Ecken und Plätze, die Menschen sind uns flüchtig bekannt, wir hasten an ihnen vorbei und eigentlich wären wir lieber woanders, hier ist alles ziemlich uninteressant. Aber stimmt das? Hat nicht alles eine Geschichte? Norbert Scheuer erzählt in seinem Buch »Kall, Eifel« Geschichten vom ziemlich verpennten Eifelörtchen Kall. Da treffen sich die Leute in Arimonds Kneipe, Leo bekommt Warzen und einmal im Jahr ist Kirmes. Es gibt Johanna, die Busfahrerin, Lejeune, den Schuhverkäufer, und ein paar Griechen, die im Zementwerk arbeiten. Und an manchen Abenden kommen Schatten aus den Felswänden des Steinbruchs. Alles ganz unspektakulär und doch Stoff für tolle Geschichten.

Die Schüler werden aufgefordert, sich Gedanken über ihre Stadt, ihr Viertel oder ihre Straße zu machen. Wer lebt dort? Was gibt es alles? Erstellt in mehreren kurzen Texten ein kleines Ortsporträt! Es dürfen auch Fragmente sein. Schreibt kleine Begebenheiten und Anekdoten auf. Stellt euch vor, ihr würdet einen Film drehen: Wen würdet ihr vor die Kamera holen? Was muss unbedingt ins Bild? Alles kann interessant sein.

Beispieltexte:
In der Stadt
1. In unserer Straße
Es ist schon dunkel und die Laternen lassen die grau asphaltierte Straße zusammen mit den weihnachtlich beleuchteten Fenstern zu einem Spiel von Schatten und Licht werden. Alle Fenster sind geschlossen, denn es ist kalt. Alle? Nein, selbst um diese Zeit, wo der Tag schon verfroren beginnt, sehnen einige, sehr wenige Menschen sich nach frischer Luft. Doch nicht immer sind es positive Gründe. So wie z.B. im Haus gegenüber bei den Schillers. Ihr Küchenfenster ist angelehnt und durch den offenen Spalt sind laute Stimmen zu hören. Stimmen, die sich einmal liebten und verehrten und nun dem Alltagstrott zum Opfer gefallen sind. In unserer Straße.

2. Im Theater
»Spot an«, ruft Michael, unser Leiter. Grelles Licht zwängt sich zwischen meine zusammengepressten Lider, bis meine Augen sich daran gewöhnt haben, und ich weiß, dass es den anderen nicht besser geht. Auch sie kneifen in diesem Moment die Augen zu und hoffen, dass die Tränen die Theaterschminke unberührt lassen. Doch Michael kennt kein Erbarmen, das wissen wir auch. Auf der Bühne, so sagt er, sind wir den Adleraugen der Gesellschaft ausgeliefert. Also spielen wir, halbblind, wie wir sind. Auf den Brettern, die für uns viel mehr als die Welt bedeuten.

3. Auf dem Wochenmarkt
Ein reges Tummeln füllt die Gassen der Fußgängerzone, denn der Wochenmarkt ist für alle eine gute Gelegenheit, endlich das zu erledigen, wozu niemand wirklich Lust hat, und trotzdem an der frischen Luft zu sein: der allwöchentliche Einkauf. Auch Elisabeth sieht sich gezwungen, endlich Obst, Gemüse, Fleisch und andere Dinge zu

kaufen. Doch sie wundert sich. Die Leute hinter den Ständen wollen doch etwas verkaufen, so denkt sie, warum preist sich niemand mehr an? Noch vor 40 Jahren war der Marktplatz immer erfüllt von den Schreien der stämmigen Metzger und dem Keifen der egoistischen Marktweiber, zu denen Elisabeth selbst auch gezählt hatte. Heute sind es nur noch die sich unterhaltenden Käufer, die die Marktstraßen lebendig scheinen lassen, und auch sie verändern sich. Sie sind gleichgültiger geworden, merkt Elisabeth. Zu ihrer Zeit musste sie sich mit jedem Käufer einzeln über die Preise streiten, die niemals niedrig genug sein konnten. Heute kaufen alle nur noch, und wenn Elisabeth handeln möchte, dann wird sie ausgelacht, für verwirrt erklärt oder erbost weggeschickt. Es ist wahrlich ein Wunder, denkt Elisabeth bei sich, dass all die Verkäufer hier überhaupt noch stehen, wo sie bei den Preisen längst reich sein sollten.

(alle drei Texte von Sarah, 13 Jahre)

84 / Porträts

Aufgabe: Was macht jemanden besonders?
Altersgruppe: ab 12 Jahre
Zeit: 45 Minuten oder mehr

Wenn wir an jemanden denken, der uns nahe steht: was fällt uns sofort ein? Was macht diesen Menschen besonders? Warum bedeutet derjenige uns so viel?

Die Schüler sollten sich eine Person aussuchen, die ihnen nahe steht. Jemanden, den sie gut kennen, wie ein Mitglied der Familie: Vater, Mutter, Schwester, Opa oder eine gute Freundin, den Freund etc. Was bedeutet er oder sie euch? Beschreibt diesen Menschen in typischen Situationen.

Erweiterung: Um tiefer ins Thema »Porträt« zu gehen, bietet sich an, mehrere unterschiedliche Texte über die jeweilige Person zu schreiben, immer aus verschiedenen Blickwinkeln. Stellt euch vor, ihr wärt ein Kameramann. Richtet eure Kamera auf jene Person, zoomt sie heran, macht eine Nahaufnahme, beschreibt sie von außen. Wie sieht sie aus, an einem windigen Sommermorgen auf der Wiese vor dem Haus? Oder im Sessel vor dem Fenster? Dann rückt ihr ab, beobachtet eure Person beim Abendessen, beim Fußball spielen, beim Stricken, beim Haare kämmen, … Nun lasst sie selbst zu Wort kommen. Was erzählt eure Person? Benutzt sie bestimmte Redewendungen? Was ist typisch für sie? Und was sagen andere Leute über sie? Erstellt ein vielschichtiges, einfühlsames Porträt!

Beispieltext:
Mein Opa wohnte immer neben uns, drüben. Als ich im Kindergarten war, holte er mich jeden Mittag mit dem Fahrrad ab, und wir fuhren nach Hause, oder zum Friedhof. Zum Friedhof, zu meinem Uropa, seinem Vater, um ihn dort zu besuchen. Wenn wir schließlich zu Hause waren, kam mein Bruder von der Schule heim. Auch er kam zu Opa und Oma. Nach drüben. Oma hatte immer schon Mittagessen gekocht, und während wir aßen, achtete Opa darauf, dass wir die Gabel auch richtig hielten, vernünftig saßen. Die Handgelenke auf dem Tisch.

Wenn das Essen noch nicht fertig war, las uns Opa Märchen vor, Märchen, oder etwas aus der Kinderbibel. Er konnte schön vorlesen. Für ihn war ich immer das Kind mit der Glückshaut. Wie in einem Märchen. Nach dem Essen machten Opa und Oma Mittagsschlaf. Opa lag im Wohnzimmer, um zu lauschen, ob mein Bruder und ich uns stritten. Wenn wir richtig laut wurden, kehrte Opa in die Küche zurück. Er schimpfte, und wir, wir waren wieder ruhig, brav. Er konnte streng sein, böse gucken. Doch genauso lieb konnte er sein, spielte mit uns, machte Wettrennen mit meinem Bruder, war fit, mit seiner Pfeife im Mund. Als ich älter war, kam ich in die Grundschule, ging immer noch nach drüben. Und eines Tages war Opa nicht zu Hause. War im Krankenhaus. Und ich, ich hatte Angst. Und als er später starb, konnte ich nicht weinen, war zu klein, um die Trauer zu fassen, und vermisste ihn dennoch, meinen Opa.

(Lisa, 17 Jahre)

85 / Die Verwandlung

Aufgabe: Wie es ist, als Käfer aufzuwachen
Altersgruppe: ab 12 Jahre
Zeit: 45 Minuten

»Als Gregor Samsa eines Morgens aus unruhigen Träumen erwachte, fand er sich in seinem Bett zu einem ungeheueren Ungeziefer verwandelt.« – Die wenigsten Jugendlichen kommen während ihrer Schulzeit mit Kafka in Berührung, und wenn doch, dann meist mit Widerwillen. Dabei muss man sich den ersten Satz aus Kafkas Erzählung »Die Verwandlung« nur einmal näher ansehen. Da ist jemand, der am Morgen aufwacht und feststellt, er ist ein Käfer geworden. Gregor Samsa wundert sich nicht, er überlegt nicht, ob er durch giftigen Regen gegangen ist oder etwas Falsches gegessen hat, er nimmt es hin, wie es ist: von jetzt an führt er das Leben eines Käfers, allerdings mit den Gedanken eines Menschen. Rücksichtsvoll versteckt er sich vor seinen Eltern und der Schwester, nur in der Nacht krabbelt er in der elterlichen Wohnung herum. Dabei stellt sich heraus, dass die eigentlichen Ungeziefer die anderen sind.

Inzwischen gibt es viele Verwandlungsgeschichten, vor allem im Kino wimmelt es nur so vor (überwiegend klamaukigen) Verwandlungskünstlern: Spiderman, Batman, Superman, American Werwolf, usw.

Die Schüler werden aufgefordert, sich vorzustellen, wie es ist, am Morgen aufzuwachen und festzustellen, verwandelt zu sein. Dabei sind der Fantasie keine Grenzen gesetzt: wir können als Ameise, Mücke oder Katze erwachen, als Schlange oder Kaninchen. Wie reagiert unsere Familie auf uns? Was tun wir? Oder stellt euch vor, ihr wollt am Morgen eure Mutter wecken, geht ins Schlafzimmer und stellt fest, dass aus eurer Mutter über Nacht ein Ungeziefer geworden ist. Was nun?

Anmerkung:
Die Aufgabe regt zum Schreiben an und macht gleichzeitig neugierig auf Literatur. Schüler werden so spielerisch an anspruchsvolle Literatur herangeführt. Ohne komplizierte Textanalysen können sie sich auf Kafka einlassen, sich in seine Geschichte einfühlen.

Beispieltext:
Verwandlung
Irgendwas ist anders. Ich höre einen gewohnten Klang, der mich versucht, aus meinem Schlaf zu reißen, doch ich störe mich nicht daran. Stattdessen hüpfe ich einfach kurz aus dem Bett, um meinen Schlafplatz zu wechseln. Ich recke mich zunächst genüsslich und lasse mich nun doch ein wenig von dem gleichmäßigen Piepsen nerven.

Moment mal, genüsslich? Was mach ich hier überhaupt? Erst jetzt fällt mir auf, dass es noch mal ganz anders ist, als ich ursprünglich dachte. Dieses Piepsen, das kenne ich doch. Ich sehe hoch und blicke auf den großen Spiegel, den ich beim Werken in der Schule gemacht habe. Ganz klar, das was ich fühle, denke, weiß und sehe, stimmt definitiv nicht überein. Ich fühle etwas Träges in mir. Mir geht es irgendwie chillig, von dem Schreck mal abgesehen. Allerdings weiß ich, dass das Geräusch, das einfach nicht aufhört, mein Wecker ist und ich nicht so gemütlich zu tun brauche. Ich muss nämlich zur Schule! Aber während diese Gedanken herumwirbeln, starre ich auf mein Spiegelbild, verstehe es vom Gefühl her nicht, weiß aber, was es bedeuten soll. Ich sehe in die Augen einer Katze. Und das Problem an der ganzen verrückten Sache: Ich sehe ja eigentlich in meine Augen! Mir einzureden, ruhig zu bleiben, ist völlig unnötig, ich kann mich nämlich nicht bewegen vor Schreck, so etwas wie Panik macht sich aber nicht wirklich in mir breit. Ich starre und glotze und gucke und plötzlich hört das Piepsen auf. Die Stille schafft es irgendwie, mir einen Ruck zu geben, mich aus meiner neuen Sicht einmal umzusehen. Ich erkenne alles wieder und gewöhne mich auch relativ schnell daran. Langsam merke ich, wie ich mich innerlich kaputtlache. Die Sache fängt an, mir zu gefallen. Es ist einfach dieses gute Gefühl in mir, das ich schon habe, seit ich meine Augen geöffnet habe. Und, so bilde ich mir ein, auch schon die ganze Nacht über. Wann habe ich zuletzt so gut geschlafen? Bei dem Gedanken an Schlaf überkommt mich auch glatt wieder meine Müdigkeit. Mir kommt der kleine weiße Teppich im Wohnzimmer in den Sinn. Da würde ich jetzt gerne liegen. Allerdings ist die Tür meines Zimmers geschlossen. Mein Zimmer! Es durchzuckt mich ein Gefühl, das mich in Panik versetzen will. Das, was ich denke, lässt sich eben immer noch nicht damit vereinbaren, was in mir drin abgeht. So fühlt es sich vielleicht an, wenn man gekifft hat, denke ich und gebe mich dem Gefühl einfach wieder hin. Sich Gedanken und Sorgen zu machen, macht doch eh keinen Sinn. Schon stehe ich an der Tür, kratze und jaule, als sich diese öffnet. Gespannt blicke ich auf, um zu sehen, wer das ist.

»Hey, Muffin! Bist du das wirklich? Das kann doch nicht sein.«

Meine Mutter nimmt mich in die Hand und fummelt an meinem Hals herum. Ich trage eine Marke. Hatte ich vorher gar nicht bemerkt.

»Du meine Güte!« Mama ist schockierter, als ich es vorhin noch war.

»Günter, schau dir das an! Günter!«, ruft sie und läuft mit mir in die Küche. »Muffin ist wieder da!«

Der Mann am Tisch runzelt die Stirn. Auf diese typische Art, wie er das immer macht, wenn er seine Frau entweder nicht versteht oder ihr nicht zugehört hat.

»Muffin? Unsere Katze? Die ist doch verschwunden, bevor du unsere Tochter auf die Welt gebracht hast. Ich dachte, Muffin wäre tot.«

»Ja«, haucht die Frau, die mich nicht loslassen will. »Das dachte ich auch.«

»Wo ist denn die besagte Tochter überhaupt?«

Ich springe aus ihren Armen und habe keine Ahnung, wovon die zwei Menschen überhaupt sprechen.

(Eleonore, 16 Jahre)

86 / Der Käfer wacht am Morgen als Junge auf

Aufgabe: Kafkas Verwandlung einmal anders
Altersgruppe: ab 12 Jahre
Zeit: 45 Minuten

Gregor Samsa wacht am Morgen auf und merkt, dass er ein Käfer geworden ist. So beginnt Kafkas Geschichte »Die Verwandlung«. Was aber wäre, wenn ein Käfer erwacht und feststellt, dass er sich über Nacht in einen Menschen verwandelt hat? Wie wird er sich fühlen? Was bringt es für Probleme und Verwicklungen mit sich?

Beispieltext:
Hatschi, hatschi, haaatschi! Die Sonne ist schon wieder so grell, dabei hab ich gerade soo schön geschlafen, dachte er. Na ja, werde ich wohl mal aufstehen, hab ja schließlich noch eine Mistkugel zu rollen. Er streckte Arme und Beine, wackelte mit den Zehen und kuschelte sich ein letztes Mal ins Kissen. Moment, Zehen? Kissen? Er schlug die Augen auf. Machte sie aber sofort wieder zu. Okay, ganz ruhig bleiben. Du hast gestern bestimmt nur zu viele Blattläuse gefressen, dachte er. Reiß dich zusammen, Gustav.

Er schlug erneut die Augen auf. Doch sie waren immer noch da. Diese langen, käsigen Beine mit Zehen dran. Gustav stand auf und sah sich um. »Könnte mir mal bitte jemand sagen, wo ich hier bin?«, sagte er laut, während er auf allen vieren, wie es sich ja für einen Käfer, der er ja eigentlich war, gehört, zum Spiegel krabbelte. Er sah sich an. »Ach du Scheiße, du siehst heute echt übel aus, Junge«, sagte er zu seinem Spiegelbild.

Irgendwie war diese Position ungemütlich. Es fehlten eindeutig zwei Beine. Mhm, aber wie bewegt man sich denn als Mensch, welcher er ja offensichtlich war, fort? »Nun gut, dann spiel ich das Spielchen eben mit. Aber ich sag euch, einen Käfer wie ich einer bin, kann man nicht so leicht hinters Licht führen«, sagte er zu einem unsichtbaren Publikum. Er hob ein Bein, ähm, einen Arm oder wie das heißt, und kippte prompt zur Seite. »Mann, wie steht man denn mit so wenig Beinen?« Er hielt sich am Schrank fest und zog sich langsam hoch. Gustav betrachtete sich im Spiegel. »Was war bloß falsch an den Blattläusen?«, sagte er nachdenklich. Noch etwas wackelig auf den Beinen machte er sich auf den Weg zur Tür. Fast angekommen wurde sie von der anderen Seite aufgeschlagen. Im Raum erschien ein anderer Mensch. »Gustav, beeil dich, du kommst du spät zur Schule!«, sagte die Frau. Wie, wo, was? Schule? Häh?

»Gnädiges Fräulein, ich weiß wirklich nicht, wovon sie reden.«

»Gustav, bist du krank? Hast du Fieber? Ich glaube, du bleibst heute besser zu Hause.«

»Aber ich muss doch noch meine Mistkugel fertig rollen. Meine schöne große Mistkugel. Da hab ich so lange dran gearbeitet.«

»Ich glaube, ich ruf besser mal den Arzt an«, sagte die Frau und verließ das Zimmer.

Gustav folgte ihr. Er betrat ein anderes großes Zimmer. Da sah er etwas Grünes, das sah aus wie Gras, das musste er sich genauer ansehen. Er lief los und … krach … er lief mit der Nase gegen irgendetwas. Er streckte die Hand aus und berührte eine kalte, glatte Fläche. Komisch, dachte er. Er ging an der Fläche entlang. Plötzlich fiel er durch eine Art unsichtbare Tür und landete auf dem Gartentisch. Gustav setzte sich wieder auf alle viere. Dieses Laufen auf zwei Beinen ist nichts für mich, sagte er sich, und krabbelte auf die Wiese.

»Endlich bin ich wieder mit meinem Gras vereint. Mein schönes, grünes, weiches Gras. Jetzt muss ich nur noch meine Mistkugel finden.«

(Nina, 15 Jahre)

87 / Die Kunst der Beschreibung

Aufgabe: Sieh genau hin
Altersgruppe: ab 12 Jahre
Zeit: 45 Minuten

»Ich habe zu Hause Neons« , erzählt ein Schüler. »Prima, dann kannst du sie ja zeichnen.« »Ich weiß, sie haben Streifen. Aber sind sie quer oder längs?« – Das klingt komisch, aber wer kennt das nicht? Wir möchten der Freundin den neuen Nachbarn beschreiben und sind uns nicht sicher, ob er eine Brille trägt oder nicht. Ob der Mais sonnengelb oder eher orangegelb ist. Was für ein Muster wir auf dem Pullover haben. Besonders kniffelig wird es, wenn wir etwas beschreiben sollen, das wir schon tausend Mal gesehen haben. Ein Grashalm ist grün, das Wasser im Fluss grau und die Kastanien braun und rund. Und sonst? Wann haben wir uns das letzte Mal die Mühe gemacht und etwas wirklich angesehen? So genau, als wollten wir zeichnen? Erst bei intensiver Betrachtung fallen uns z.B. die feinen Maserungen im Holz auf, die Äderungen im Stein, die rötlichen Lichtreflexe auf dem Wasser.

Den Schülern werden Dinge aus der Natur vorgelegt. Das können Blätter, Muscheln, Schneckenhäuser oder Tannenzapfen sein oder was wir sonst finden. Gewöhnliche Dinge, die wir beim Spaziergang normalerweise übersehen. Nun schaut genau hin. Was fällt euch auf? Betrachtet die kleinen Unregelmäßigkeiten. Woran erinnern sie euch? Was will euch dieses Ding erzählen?

Beispieltext:
Die alte Muschel – Wie eine Spirale mit Zacken hat sie sich all' die Zeit in die Strömung gebohrt. Von außen fühlt sie sich glatt an, fast wie Eis, sodass das strömende Wasser geschmeidig an ihr vorbeiziehen kann. Die Wellen haben sich scheinbar mit der Zeit in sie hineingefressen. Daher hört man in ihr noch immer das Schreien des Meeres und kann selbst die Wellen an ihrer Öffnung erahnen. Ihre Farben gehen vom sandigen Braun ins Weiße und das innere Perlmutt hat ein sanftes, schon fast verletzliches Rosa. Es ist eine alte Muschel. Sie hat schon viel erlebt. Sie ist übersät von kleinen Löchern und Rissen. Scheinbar musste sie schon viel Schmerz erleiden, denn fasst man in sie hinein, dann kann man zahlreiche Narben spüren. Dennoch hat sie nicht aufgegeben bis zum Schluss. Die vielen Narben zeigen, dass sie immer wieder aufgestanden ist, denn die Narben sind nicht offen, sondern verheilt. Doch schließlich kam der Moment, an dem sie aufgeben musste. Ich kann ihre Liebe förmlich riechen, schmecken und spüren. Denn wenn man an ihr riecht, riecht sie nach Meer. Wenn man Glück hat, kann man das süße Salz sogar noch schmecken. Ich weiß nicht, ob es die Tränen des Abschieds sind, denn für das Meer schmeckt es zu außergewöhnlich. Man kann spüren, wie die alte Muschel das Meer vermisst. Es schreit nach ihr und sie kann nicht antworten. Ihre Zeit ist leider schon längst mit der Flut gekommen. Doch wenn man leise ist und der Muschel horcht, kann man noch heute das Meer nach der Muschel flehen hören. Es schreit nach der alten Muschel, seiner verlorenen Gefährtin.

(André, 19 Jahre)

88 / Igitt, wie hässlich!

Aufgabe: Nur nicht ekeln
Altersgruppe: ab 12 Jahre
Zeit: 45 Minuten

Schnecken sind hässlich, das weiß doch jeder. Auch Regenwürmer, Ketchupflecken, matschige Bananen und Warzen sind ziemlich eklig. Oder? Wie oft haben wir gar nicht genau hingesehen und wenden uns schon angewidert ab? Dabei, würden wir die Dinge näher betrachten, könnten wir Details erkennen, die überhaupt nicht hässlich sind. So hat eine Schnecke interessante Linien auf dem Leib. Sie erinnern an Wellen oder an die Muster, die der Wind in Sand malt. Im Sonnenlicht schimmern Schnecken wie Gelee. Und wie anmutig sie ihre teleskopartigen Augen drehen! Spinnen haben oft schöne Zeichnungen auf dem Bauch und stelzen elegant auf ihren dünnen Beinen. Käfer glänzen, als wären ihre Panzer aus Metall. Außerdem brummen sie häufig melodisch.

Die Schüler werden aufgefordert, Dinge aufzulisten, vor denen sie sich ekeln oder die sie spontan hässlich finden. Anschließend sollte auf zwei, drei Dinge genauer eingegangen werden. Ist das wirklich so abstoßend? Oder gibt es nicht auch hübsche Details?

Einfacher ist es, wenn der Schreiblehrer Nahaufnahmen von Objekten mitbringt, die im Allgemeinen als hässlich gelten: Bilder von Insekten, Leberflecken, Nagetieren, Zähnen, Knochen, Schimmelkäse, … Seht genau hin! Bestimmt könnt ihr etwas Interessantes daran entdecken! Beschreibt das Objekt mit allen Sinnen! Holt es aus der Welt des Hässlichen heraus!

Anmerkung:
Nach einer anfänglichen Quiek- und Schüttelphase fangen die Schüler an, genau hinzusehen, und nehmen Details wahr, die ihnen nie vorher aufgefallen sind. Oft bieten die vermeintlich hässlichen Dinge eine Menge Überraschungen.

Beispieltext:
Krampfadern: gekräuselte Linien, dicke blaue Schnüre am Bein meiner Oma, wie Tätowierungen, nur in 3D, so als hätte sie ihr Bein mit Bändern umwickelt.

Ausgelatschte Schlappen: braune Sohlen, schwarze Flecken, da wo die Fußballen sind, ein Bett für die müden Füße, raus aus den Stöckeln, rein in die Latschen, fühlt euch wohl, ihr Stinkfüße.

Spinnen: acht Beine und acht Augen, wie ein Alien, der gerade aus dem Ufo spaziert, dazu dunkle Haare wie King Kong, und erst dieser Gang, irgendwie breitbeinig und ziemlich cool.

(Amelie, 18 Jahre)

89 / Wovon reden wir da eigentlich?

Aufgabe: Sprichwörter einmal wörtlich
Altersgruppe: ab 12 Jahre
Zeit: 45 Minuten

Hunger ist der beste Koch und der Krug geht so lange zum Brunnen, bis er bricht. Der Apfel fällt nicht weit vom Stamm. Wer anderen eine Grube gräbt, fällt selbst hinein. Wir werfen Perlen vor die Säue und tragen Eulen nach Athen. Manchmal sind wir mit allen Wassern gewaschen und dann wieder können wir dem anderen das Wasser nicht reichen. Da liegt der Hase im Pfeffer, wir haben lieber den Spatzen in der Hand als die Taube auf dem Dach und wissen, eine Schwalbe macht noch keinen Sommer …

Unsere Sprache wimmelt nur so vor Sprichwörtern. Manche können wir uns erklären, andere bleiben Rätsel.

Die Schüler suchen nach Sprichwörtern und Redewendungen. Die Sprüche werden gesammelt, auf einem großen Blatt oder an der Tafel notiert. Dann wählt jeder einen Satz aus und schreibt eine kurze Szene dazu, in der das Sprichwort wörtlich genommen dargestellt wird. Etwa so: Ein Mann namens Hunger brutzelt ein Menü, ein Hase muss immerzu niesen, jemand klemmt sich Eulen unter den Arm und sucht die Straße nach Athen.

Erweiterung: Mit älteren Schülern lässt sich aus dieser Übung ein Ratespiel machen. Jeder soll mindestens drei, maximal zehn Sprichwörter aufschreiben, eins davon auswählen und eine kleine Geschichte daraus machen. Nach dem Vorlesen müssen die anderen raten, um welches Sprichwort es sich handelt.

Anmerkung:
Auf der Website sprichwoerter.net sind mehr als 12 000 deutsche Sprichwörter und Redewendungen zu finden.

Beispieltext:
Mein Vater wäscht sein Auto. Ich soll ihm helfen.

Der Eimer war schwer. So schwer, dass ich ihn nicht hochheben konnte. »Jetzt gib mir endlich den Eimer!«, schimpfte mein Vater. Ich versuchte es noch mal und zog an dem Griff. Da kippte mir der Eimer um und das Wasser lief über den Platz.

Dann schickte mich mein Vater weg, denn:
Ich konnte ihm das Wasser nicht reichen!
(Christopher, 12 Jahre)

90/Dichten nach Gottfried Benn

Aufgabe: Was schlimm ist
Altersgruppe: ab 12 Jahre
Zeit: 45 Minuten

Was schlimm ist
Wenn man kein Englisch kann,
von einem guten englischen Kriminalroman zu hören,
der nicht ins Deutsche übersetzt ist.
Bei Hitze ein Bier sehn,
das man nicht bezahlen kann.
[…]
Dieses Gedicht von Gottfried Benn sollte für die Aufgabe vorliegen.

Die Schüler sammeln Begriffe zum Thema »Was schlimm ist«. Das kann, bei jüngeren Schülern, in der Gruppe geschehen. Was findet ihr schlimm im Alltag? Wovor habt ihr Angst?

Ausgehend von Benns Gedicht sollte ein kurzer Text entstehen. Wichtig ist, dass die Steigerung berücksichtigt wird: schlimm – schlimmer – am schlimmsten.

Anmerkung:
Die strenge Struktur des vorgegebenen Gedichtes schüchtert die Schüler manchmal ein und sie glauben zunächst, sie könnten »so was« nicht. Deswegen sollte der Schreiblehrer selbst Beispiele nennen, Dinge aus dem Alltag wie: endlich die Schuhe finden, die man sich schon lange wünscht, und zu erfahren, dass sie in der passenden Größe ausverkauft sind. Sobald die Schüler merken, dass »das Schlimme« relativ ist, entspannen sie sich und finden selbst Beispiele, die sie zu einem Gedicht zusammenstellen.

Beispieltext:

Was schön ist, wenn es schlimm war. Was schlimm ist, wenn es schön war.
Wenn man ein Referat halten soll,
man sich wirklich sehr ungünstig verspricht
und vom »Über-sich-selbst-Lachen« Seitenstiche bekommt.
Wenn man auf einer wahnsinnig
schlechten Feier ist, eigentlich nach Hause will
und doch jemanden trifft,
der einen überrascht.
Wenn es regnet und gewittert.
Es scheint, als ginge die Welt unter.
Dann spüre ich den warmen Arm meiner Schwester um mich,
die sich auf der Flucht vor dem Unwetter
in mein Bett geschlichen hat.
Ein Kuss, so sanft, so leicht,
als besäße er die Gabe, die Zeit anzuhalten,
nicht ahnend, dass es der letzte ist.
Das Kind – die Stärke ist im Lachen hörbar –
taumelt in der scheinbaren Sorgenlosigkeit des Daseins.
Doch die blauen Flecken an den Armen, die Weisheit in den Augen
sind nicht zu übersehen.
Gefunden zu haben, wonach man eigentlich
nicht gesucht hat.
Es zu genießen, es menschlicherweise für selbstverständlich halten.
Es dann zu verlieren,
aber nicht vergessen können.

(Dilek, 18 Jahre)

91 / Orte, an die keiner reisen mag

Aufgabe: Reiseberichte mal anders
Altersgruppe: ab 12 Jahre
Zeit: 45 Minuten oder mehr

Zu den Klassikern der Literatur zählen etwa Homers *Odyssee* oder das im 14. Jahrhundert verfasste *Von seltsamen Ländern und wunderlichen Völkern* des Johann von Mandeville. Die darin geschilderten Erlebnisse sind Abenteuerfantasien, die mit der Realität nicht viel gemein haben. Anders die meisten der Reiseführer, die heute im Buchladen meterweise Regale füllen. Sie geben vor, authentische (wenn auch oft geschönte) Eindrücke und nützliche Tipps zu liefern. In letzter Zeit kommen allerdings verstärkt »Anti-Reiseführer« auf den Markt wie *Molwanien* oder *San Sombrèro* aus der »Jetlag travel guide«-Reihe des Heyne Verlags. Dabei handelt es sich um auf den ersten Blick echt wirkende Reiseführer, das beschriebene Land existiert jedoch nicht.

Die Schüler werden aufgefordert, sich Orte vorzustellen, an die keiner reisen möchte. Das kann die heruntergekommene Siedlung in der Nordstadt sein, die Industriebrache neben der Autobahn, verlassene Grenzorte. Der Ort der Trostlosigkeit kann vor der Haustür liegen oder in einem abgelegenen Land, das man nur vom Hörensagen kennt. Vielleicht hat der Schreiblehrer noch ein paar Fotos aus Zeitungen oder Magazinen zur Hand, falls einem der Schüler absolut kein Ort einfallen will. Dann sollten dazu Reiseberichte geschrieben werden. Das kann eine selbsterlebte oder fiktive Geschichte, eine Satire oder ein sachlicher Bericht sein. Zum Beispiel könnten Landschaft, Einwohner, das ortstypische Essen und die üblichen Sitten beschrieben werden. Es könnten Empfehlungen und Tipps für die

Reise gegeben werden. Was sollte besichtigt werden? Worauf muss geachtet werden? Welcher Fauxpas vermieden werden?

Anmerkung:
Diese Übung kann über mehrere Unterrichtsstunden ausgeweitet werden. So könnte sich die Gruppe auf einen Ort einigen und einen kleinen Reiseführer schreiben, Themen wie »Geografie«, »Bevölkerung«, »Sprache«, »Essen und Trinken«, »Nahverkehrssystem« etc. werden dann unter den Schülern bzw. den Kleingruppen aufgeteilt.

Beispieltext:
»Hello, you are welcome!« – Etwas in der Art sagte Kathryn, als sie mich durch den Vorgarten zu dem schmalen, grauen Reihenhaus führte. Moment mal, sagte ich Vorgarten? Vielleicht sah es in der hereinbrechenden Dunkelheit wie ein Garten aus. Bei dem Regen konnte ich sowieso nicht viel erkennen. Erst am nächsten Tag sollte sich herausstellen, dass es außer Schlamm und brauner Matsche nicht viel in diesem Garten gab, und Blumen schon mal gar nicht.

Noch freute ich mich auf den Schüleraustausch, auch wenn ich es schade fand, dass meine Gastfamilie nicht auch Lisa aufnehmen konnte. Theresa und Janette waren schließlich auch zusammen untergebracht. Aber okay, ich war müde nach der langen Fahrt und so störte es mich nicht weiter, dass sich Kathryns Eltern nicht groß blicken ließen. Ihre Mutter sah ich im Wohnzimmer vor dem Fernseher sitzen, sie nickte mir kurz zu und stierte wieder auf den Bildschirm. Ihren Vater lernte ich dann erst am nächsten Abend kennen, bei einem Abendessen, das aus trockenem Brot und knorpeligem Fleisch bestand. Dazu gab es Original Kraneberger aus einer Art Blumenvase zu trinken. Ich trank ziemlich viel davon, um überhaupt ein paar Bissen herunterzubekommen.

Ach ja, mein Zimmer. Das war eine Rumpelbude mit verdrecktem Teppich und einem Stuhl, auf dem man vor lauter Flecken das Kissenmuster nicht mehr erkennen konnte. Am besten war aber die Aussicht: ein kleiner, vollgemüllter Hinterhof und viele kleine, vollgemüllte Nachbarhinterhöfe …

(Sonja, 18 Jahre)

92/Anfang und Ende

Aufgabe: Der erste Satz und der letzte
Altersgruppe: ab 14 Jahre
Zeit: 10 Minuten

Der erste Satz eines Romans ist von großer Bedeutung: Er soll neugierig machen, Fragen aufwerfen, eine besondere Atmosphäre heraufbeschwören und vor allem dafür sorgen, dass der Roman gekauft und gelesen wird. Am ersten Satz wird meist lange gefeilt, er wird überarbeitet und poliert, bis der Autor (und sein Lektor) sich sicher ist, dass er den Leser ins Buch zieht. Es macht übrigens Spaß, Bücher aus dem Regal zu nehmen und nur den ersten Satz zu lesen. Es finden sich so wundervolle Beispiele wie »Er war ein alter Mann, der allein in einem kleinen Boot im Golfstrom fischte, und er war jetzt vierundachtzig Tage hintereinander hinausgefahren, ohne einen Fisch zu fangen« (»Der alte Mann und das Meer«, Hemingway), »Die Welt hatte Zähne, und sie konnte damit zubeißen, wann immer sie wollte« (»Das Mädchen«, King) oder »Es war, als ob niemand es gehört hätte.« (»Der Augenzeuge«, Robbe-Grillet).

Genauso interessant ist es, sich den dazugehörigen letzten Satz anzusehen: »Der alte Mann schlief und träumte von den Löwen« (»Der alte Mann und das Meer«), »Ende des Spiels« (»Das Mädchen«) und »Der Reisende dachte wieder, dass er in drei Stunden längst an Land sein würde« (»Der Augenzeuge«).

Die Schüler sollen sich vorstellen, es wäre vollbracht, sie hätten einen Roman geschrieben. Wie lautet der erste Satz? Wie der letzte?

Beispieltexte:

1. Jemand klopfte an die Tür.
2. Er hatte ein kurzes Leben.
   (Nina, 15 Jahre)

1. Ich träumte von Sonne.
2. Ich lag auf der Liege und schaute in den knallblauen Himmel.
   (Simone, 15 Jahre)

1. Die Dunkelheit schloss sie ein und ein eisiger Schauer ließ ihre Angst explodieren.
2. Es war vorbei, dachte er, schaltete das Licht aus und legte sich zu ihr ins Bett.
   (Marvin, 15 Jahre)

93 / Zwischen Anfang und Ende

Aufgabe: Vom ersten Satz bis zum letzten
Altersgruppe: ab 14 Jahre
Zeit: 30 Minuten

Dieses Schreibspiel ist eine Erweiterung des Schreibspiels Nr. 92, und zwar können wir an spannende Geschichten kommen, wenn wir die Anfangs- und Endsätze untereinander tauschen. Wir können die Sätze auf Zettel schreiben und eine Lotterie veranstalten. Kann jemand mit den gezogenen Sätzen nichts anfangen, darf er noch einmal wählen. Ansonsten können die Sätze auch mitgeschrieben werden, und jeder wählt aus, was ihn besonders anspricht. 20 bis 30 Minuten sollten reichen, um vom Anfangssatz ausgehend eine kurze Geschichte zu schreiben, die mit dem vorgegebenen Satz endet.

Diese Übung funktioniert natürlich auch mit ersten und letzten Sätzen aus der Literatur. Auch hier könnten wir eine kleine Tombola veranstalten. In einer Schachtel befinden sich Anfangssätze, in einer anderen die Schlusssätze, jeder zieht jeweils einen Zettel und fängt an zu schreiben.

Beispieltext:
Jemand klopfte an die Tür.
Er legte den Rasierer auf den Waschbeckenrand und griff nach dem Handtuch. Der Mensch vor der Tür klopfte immer noch. Nein, inzwischen war es zu einem Hämmern geworden. »Ja, verdammt. Nur mit der Ruhe!« Er wischte sich den weißen Schaum aus dem Gesicht und verzog es gleichzeitig, als er etwas davon in den Mund bekam. An der Tür angekommen, spähte Jens durch das kleine Guckloch. Zwei Männer standen davor. Giorgio-Armani-Anzüge und Lacoste-Treter. Oh

Mann, wie konnten die bloß solche Schuhe zu einem Anzug tragen, dachte er und öffnete die Tür.

»Jens Bierson? Wir müssen mit Ihnen reden!« Eine große Pranke drängte ihn zurück, und die beiden traten einfach ein. Boxernase und Ratte. Es machte Jens Spaß, die Leute nach äußeren Merkmalen zu benennen.

»Was erlauben Sie sich? Raus hier! Und dann klingeln Sie noch mal und wir üben das!«

»Halt keine Reden, rein da!«

»Wie heißen Sie überhaupt?«

Boxernase hieß Justus Lamont und der andere Nicolas Bruchstein. Was für eine Ironie! Sie hätten vielleicht die Namen tauschen sollen. Ganz der perfekte Gastgeber bot er den beiden was zu trinken an.

»Nein, wir sind im Dienst.«

Aha, das sagte ja schon … gar nichts. Nach Jens' Weltanschauung waren Vorurteile wunderbar. Nur dass er ab und zu Tage hatte, an denen er ihre Sinnlosigkeit erkannte, störte ihn. Die beiden schmissen sich auf sein Designer-Sofa. Und das mit diesen Anzügen!

»Machen wir es kurz! Meier zweifelt an Ihnen! Wir sollen Ihnen also einen schönen Ausflug bescheren.«

Meier! Wie kann der Boss der Mafia nur so einen blöden Namen haben? Nichts Imposantes, nur so. Aber dieses Klischee vom gefährlichen Russen, der irgendwo in der Regierung saß und die Fäden zog, war eh gelogen. Jens selbst war vor drei Jahren der Mafia »beigetreten«, wie er es nannte. Es war einfach ein Zeitvertreib gewesen. Was sollte er denn sonst machen? Ein Segeltörn war mit 56 Jahren schlecht für sein schwächelndes Herz, und die ganze Nacht durchfeiern konnte er auch nicht mehr, seitdem er Yoga morgens um sechs fest eingeplant hatte.

Und jetzt sollte er also von der Bildfläche verschwinden. Man würde ihn nicht erschießen oder erstechen. Er würde eine kleine Pille bekommen, die ihn betäubte, und dann im Hafenbecken ertrinken. Wenigstens das war so, wie er es sich vorher immer ausgemalt hatte. Jens sah die rosaroten Glaspüppchen auf den Fenstersimsen an.

Er hatte ein kurzes Leben.

(Vanessa, 15 Jahre)

94 / Spontane Erinnerung

Aufgabe: Ich erinnere mich – ich erinnere mich nicht
Altersgruppe: ab 14 Jahre
Zeit: 15 Minuten

In den 30er Jahren des letzten Jahrhundert vertrat André Breton die Ansicht, dass wir, um kreativ schreiben zu können, unser Unbewusstes ansprechen müssen. »Automatisches Schreiben« hieß die neue Methode, mit der der Verstand weitgehend ausgeschaltet werden sollte. Freud und seine Kollegen praktizierten die Psychoanalyse, es wurde schick, Träume zu deuten, überall machte sich die Hoffnung breit, dass tief in uns verborgen unser wahres, kreatives Ich schlummern könnte, das es ans Licht zu bringen galt. Auch wenn man das Unbewusste heute weniger wichtig nimmt als damals: etwas ist natürlich dran an der Theorie der Surrealisten. Zumindest tricksen wir durch das schnelle, spontane Schreiben den inneren Zensor aus. Wir nehmen ihm die Gelegenheit, sich einzumischen.

Die Schüler werden aufgefordert, ausgehend von »Ich erinnere mich« 10 Minuten ohne Unterbrechung zu schreiben. Dabei ist es wichtig, möglichst schnell zu schreiben und die eigenen Sätze nicht zu bewerten. Ein Satz führt ganz selbstverständlich zum nächsten. Alles ist erlaubt, das Geschriebene muss nicht vorgelesen werden. Es geht darum, Vertrauen zu entwickeln, dass sich die Sätze einfinden werden, auch ohne lange darüber nachzudenken.

Genauso gut kann man auch »Ich erinnere mich *nicht*« nehmen. Gerade hier fördern wir oft überraschende Dinge zutage.

Beispieltext:
Ich erinnere mich an eine Zeit frei von Sorgen. Damals war ich jung, unschuldig und naiv. Damals habe ich fast jede freie Minute mit meinem besten Freund Christian verbracht. Wir waren unzertrennlich. Mit ihm konnte ich wirklich alles machen. Wir haben viel Musik gehört und unsere eigenen ersten Texte geschrieben, aber auch fern geschaut oder Playstation und Magic gezockt. Dennoch waren wir auch viel draußen. Draußen in der Natur und haben sie gemeinsam genossen. Ich erinnere mich an unseren schönsten Sommer. Wir waren mit seinem Vater in Portugal an der Algarve. Für zwei Wochen fühlte ich mich noch freier, als ich es ohnehin schon mit ihm tat. Nur diese grässliche Autobahnfahrt. Über einen Tag lang, mit einer Pause in Spanien, sind wir gefahren. Die Landschaft war beeindruckend. So etwas hatte ich noch nie gesehen. So leer und karg an sich, doch schon ein einzelner Olivenbaum machte das Bild wieder komplett. Auch die vereinzelten Abhänge mit Weinreben passten perfekt hierhin. Doch Portugal und besonders die Algarve war im Gegensatz zu dem gerade geschilderten Spanien ein ganz anderes Kaliber. Es war noch spärlicher und ärmlicher, als es große Teile von Spanien waren. Doch die Leute strahlten eine solche Gastfreundlichkeit und Lebensfreude aus, wie ich es bis heute nur selten wieder erlebt habe.

Als wir dann schließlich an unserer »Villa«, wie wir sie nannten, ankamen, war ich zutiefst beeindruckt. Albert, Christians Vater, hatte uns etwas ganz besonders Schönes gemietet. Wir hatten sogar unseren eigenen Hund. Wir nannten ihn La Bella, da er bzw. sie eine Hündin war. Außerdem hatten wir unseren eigenen Pool, den ich angesichts des nur wenige Kilometer entfernten Sandstrandes erst nicht zu würdigen wusste. Wenn man ruhig war, konnte man unter guten Umständen die Wellen rauschen hören. Der Strand war, wie ich bald aus der Nähe feststellen durfte, atemberaubend. Einfach wunderschön. Nur in Haiti sah ich einige Jahre später einen ähnlich schönen.

Doch die Algarve hatte ihren ganz eigenen Charme. Es war weniger das Äußere, was auch hinreißend war, als vielmehr die Atmosphäre. Die Geborgen- und Vertrautheit, mit der wir von allen aufgenommen wurden. Als wären wir schon immer hier gewesen, quasi wie eine zweite Heimat. Auch das Essen war eine völlig neue Erfahrung. Ich aß zum ersten Mal frische Gambas, Scampis, oder auf Deutsch Riesengarnelen. Ein unvergesslicher und unvergleichbarer Geschmack. Ebenso wie die salzige Süße des Meerwassers. Mir ist, als könnte ich es noch heute schmecken. Als ich mit Christian immer wieder in die Wellen sprang. Unsere Augen schon längst blutrot, vom ätzenden Salz, was in unseren Augen höllisch brannte. Doch es machte uns nichts aus. Die Algarve war viel zu schön und heute erinnere ich mich selbst an das Brennen in den Augen mit einem wohligen Schmunzeln auf den Wangen.

(André, 19 Jahre)

95 / Kopfkissenbücher

Aufgabe: Was wir nur den Kissen anvertrauen
Altersgruppe: ab 14 Jahre
Zeit: 30 Minuten

»Das Kopfkissenbuch der Hofdame Sei Shonagon« ist ein klassisches Werk der japanischen Dichtung, ein literarisches Schatzkästchen aus der späteren Heian-Zeit (898 bis 1186). Es heißt, die Kaiserin Sadako schenkte einmal der Hofdame Sei Shonagon ein Bündel Papier von bester Qualität, das diese als Notizbuch benutzte, in das sie alles schrieb, was man sonst nur seinem Kissen anvertrauen würde: Einfälle, Stimmungen, Gedanken und immer wieder Listen: Peinliche Situationen, Was wunderbar ist, Was Lärm macht, Was schnell vorbeigeht, Was ich nicht gern habe, usw. Das alles ist höchst sinnlich und poetisch.

Unter »Was Herzklopfen verursacht« finden wir z.B. »Frisch ausgeschlüpfte Vöglein im Nest ...«, »Wenn man zwischen herumkriechenden Säuglingen hindurchgehen muss« und auch »Wenn ich mir die Haare gewaschen und die Kleider, die frisch mit Weihrauch parfümiert sind, angezogen habe, so klopft mein Herz vor Wohlgefühl, wenn mich auch niemand sieht.«. Die Aufzeichnungen der Sei Shonagon spiegeln ihren Alltag, es sind vor allem Naturbeobachtungen und Betrachtungen über ihre Mitmenschen und die Dinge, die sie umgeben.

Den Schülern werden Passagen aus dem Kopfkissenbuch vorgelesen. Nun werden sie aufgefordert, ihren Alltag mit dem der Verfasserin zu vergleichen. Auch wir kennen eine Menge Dinge, die verächtlich behandelt werden, wenn wir vielleicht auch nicht, wie Sei Shonagon, die »Nordseite des Hauses« auflisten würden. Nehmt ihre Rubriken und erstellt eigene Listen! Seid dabei so präzise wie möglich, seht genau hin.

Anmerkung:
Diese Übung macht uns den kleinen alltäglichen Dingen gegenüber aufmerksam. Alles kann poetisch sein: die Grashalme am Straßenrand, die Schalen des Knoblauchs auf dem Holzbrett, der Schrei eines Vogels, …

Beispieltext:
Was Herzklopfen verursacht
Wenn eine Kerze gegen den Wind flackert und ganz sanft faucht.
Wenn ich in ihren Augen sehe, dass sie meine Hand halten möchte.
Wenn das Wispern der Bäume das ganze Tal erfüllt.
Wenn man hoch oben auf einem Berg liegt und ganz nah am Himmel ist.
Wenn man heimlich mit alten Spielsachen spielt.
Wenn ich dann daran denke, dass meine Kinder mal mit diesen Spielsachen spielen werden.
Wenn ich merke, dass ich etwas Neues lieb gewinne.
(Max, 19 Jahre)

96 / Interviews

Aufgabe: Frag dich selbst
Altersgruppe: ab 14 Jahre
Zeit: 30 Minuten

Interessante Interviews brauchen originelle Fragen. Oder originelle Gesprächspartner. Was wäre, wenn Fragensteller und Antwortgeber identisch wären?

Die Schüler stellen sich vor, sich selbst zu interviewen. Angenommen, es klingelt an der Tür, jemand bittet euch um ein paar Fragen, aber gleichzeitig seid ihr selbst der Interviewer. Was würdet ihr fragen, was antworten? Verschiebungen und leicht psychopathische Verwicklungen sind bei den entstehenden Texten erwünscht.

Beispieltext:
Ich reiße die Augen auf, starre an die Decke, wende meinen Kopf nach rechts zu meinem Wecker, mein Arm streckt sich aus und schaltet ihn automatisch ab. Mühsam hieve ich mich aus dem Bett, schwinge zuerst meine Füße auf den Boden, um mich dann mit den Armen hochzustemmen. Geschafft, ich stehe und schleppe mich wie jeden Morgen zuerst ins Bad, erst einmal einen Blick in den Spiegel werfen. Ich sehe mich selbst an.

»Was hast du denn heute Nacht getrieben?«

Ich sehe mich um. Wer hatte da gesprochen? Hier war niemand im Raum, nur ich.

»Hey, hier bin ich, hast schon richtig gehört, es wird Zeit, dass wir beide uns mal unterhalten!«

Langsam dreht sich mein Kopf in Richtung Spiegel.

»Na, schnallst du es endlich?«

Wie jetzt? Ich habe doch wirklich nichts gesagt, das kann doch gar nicht sein, wieso bewegt sich denn der Mund meines Spiegelbildes?

»Jetzt stell dich nicht so an und antworte mir gefälligst! Es ist ja wohl logisch, dass ich mal ein paar Fragen an mich selbst habe! Wo hast du denn heute Nacht gesteckt?«

»Äh, ich war auf ner Party …« Wow, jetzt hatte ich mich so weit, ich sprach mit mir selber.

»Ja, das hab ich auch schon begriffen, du hast ne Fahne bis nach Berlin! Auf welcher Party warste?«

»Ja, ähm, bei dem Kumpel von Dennis, der ist doch 18 geworden, weißte doch!«

»Da bin ich mir aber nicht so sicher, ob ich das weiß. Bist du dir da denn sicher? Wann bist du überhaupt nach Haues gekommen?«

Was sollte das denn jetzt, war ich meine Mutter?

»Was soll das denn, bist du meine Mutter?«

»Witzig, denk mal scharf nach, mit wem du da gerade sprichst, na?«

Okay, ich hatte Recht, ich sprach ja schließlich mit mir, ertappt schaute ich mich an.

»Was ging denn so auf der Party? Wild getanzt? Müll erzählt, zu viel gesoffen?«

Jetzt reichte es aber, das war wohl mein Stichwort, ich hatte nicht zu viel gesoffen.

Es gab nur eine Möglichkeit, mir selbst zu entkommen: Ab ins Bett!

(Lisa, 18 Jahre)

97 / Genau so ist es gewesen

Aufgabe: Eine Geschichte immer wieder anders
Altersgruppe: ab 14 Jahre
Zeit: 30 – 45 Minuten

Neulich hat sich der Hund von der Leine gerissen. Das blöde Vieh ist einfach losgerannt, zu einem zotteligen Jagdhundweibchen am Ende des Feldes. Da konnte ich noch so schreien und mit der Leine wedeln, ich musste schon hinterherlaufen und die beiden Hunde trennen. Ich habe ganz schön geschwitzt, aber zum Glück ist weiter nichts passiert. – So sieht die Geschichte für den einen aus. Der andere würde es völlig anders erzählen. Der Hund sowieso. Und schon mal überlegt, was herauskäme, wenn der Weizen auf dem Feld reden könnte?

Jeder Schüler denkt sich eine kleine Geschichte aus. Das braucht nichts Besonderes zu sein, einfach eine kurze Begebenheit, ein normales Erlebnis, etwas Alltägliches. Egal was. Nun soll die Geschichte aus verschiedenen Perspektiven erzählt werden. Gut wäre, wenn sich mindestens fünf unterschiedliche Ich-Erzähler finden ließen. Das kann der Angler sein, seine Frau, sein Sohn, der Fisch und der Wurm. Oder der Bauer, der Knecht, das Huhn, die Fliege, der Traktor. Daran denken, dass ein Huhn möglicherweise andere Redewendungen benutzt als ein Fisch. Oder vielleicht doch nicht?

Anmerkung:
Im Buch »Die Minute mit Paul McCartney« erzählt Friedrich Christian Delius eine kleine Begebenheit 66-mal anders. Dabei lässt er sowohl verschiedene Personen als auch einen Ball und den Rasen berichten, ganz in der Tradition von Raymond Queneaus »Stilübungen« (1947).

Beispieltext:

Freitag, 16.05.2008, 5te Unterrichtsstunde: Die Klasse 9a hat Erdkunde bei Herrn Schmidt.

1. Herr Schmidt:

Diese Vollidioten, wollen mich nur wieder provozieren, die sollen die Fresse halten! Ich will jetzt nach Hause, Currywurst essen, Krombacher saufen und Dortmund gucken! Ich hau ab!

2. Die Tafel:

Was brüllt der Lehrkörper denn schon wieder so? Dann hat man endlich mal ne Stunde, in der man sich ausruhen kann, wo man nicht beschrieben wird, und dann brüllen die alle rum. Na ja, jetzt ist er ja weg, aber diese Klasse …

3. Frau Müller, die Sekretärin:

Was ist denn das für ein Lärm da oben, wer macht denn da Unterricht? Ich denke, ich gehe mal hoch.

4. Die Tür:

Ich glaub es hakt, dann hängt man hier als alte Tür Tag ein, Tag aus im Rahmen von Raum 102 und nur Lärm. Und hin- und hergeschmissen wie bekloppt wird man auch noch, meine armen Scharniere, und ich hab doch schon die dritte Klinke …

5. Schüler 1:

Scheiße, mein Akku vom MP3-Player ist leer, was soll ich denn jetzt hier machen? Hausaufgaben haben wir keine, die ich heute noch brauche, so ein Müll, ich könnte ja auch nach Hause gehen, der Lehrer peilt eh nichts mehr, und dann gleich noch Sport, ich kack ab!

6. Schüler 2:

Ich krieg nen Anfall, bei dem Lärm kann ich noch nicht mal schlafen. Was soll ich denn machen?

7. Schüler 3:

Also so geht das nicht, die müssen jetzt alle aber mal ein bisschen ruhiger sein, sonst kommt Frau Müller gleich noch hoch, und Herr

Schmidt könnt auch mal wieder unterrichten und nicht immer durch Abwesenheit glänzen.

8. Der depressive Stuhl:
Ich will nicht mehr, das ist mir zu viel, verschrottet mich, bitte!

9. Die Schulordnung:
Was mach ich hier eigentlich? Keiner beachtet mich, ihr könnt mich doch alle mal, ich geh mich reißen …

10. Das aggressive Fenster:
Haltet eure Mäuler, ihr Blagen! Und du da, der da auf mich zukommt, pack mich nicht an! Bleib weg! Ich geb dir gleich Fenster aufmachen! Pass auf, Freundchen, gleich setzt es Glas.

11. Marvins Apfelschorle:
Bitte! Trink mich aus, ich hab keinen Bock mehr auf den Haufen hier. Wach auf, denk du hast Durst und trink mich einfach aus!

12. Schüler 4:
Geiler Scheiß, is der Affe schon wieder weg, könn wa ja wieder ordentlich Scheiße bauen. Ich glaub ich geh ma n Etui innen Müll schmeißen und dann rüber zur C, die ham auch Sturm.

(Marvin, 15 Jahre)

98 / Die Erzählmaschine

Aufgabe: Schreiben auf ein Ziel hin
Altersgruppe: ab 14 Jahre
Zeit: 30 – 45 Minuten

Manchmal ist es einfacher, auf ein festgelegtes Ende hinzuschreiben. So können wir uns nicht im Blauen verlieren, haben die ganze Zeit das Ziel vor Augen. In diesem Fall gibt uns die »Erzählmaschine« den Protagonisten vor sowie die Handlung der Geschichte.

Der Schreiblehrer braucht zwei Stapel Kärtchen, und zwar mindestens doppelt so viele Karten wie Schüler, besser mehr, damit wir auswählen können. Auf den Karten des einen Stapels sind normale Berufe notiert, z.B. Friseurin, Pilot, Lastwagenfahrer, Bildhauer, Arzt. Auf dem zweiten Satz Karten stehen Handlungen, die schon etwas ungewöhnlich sein sollten, aber auch nicht zu ausgefallen. Geeignet sind z.B., ein Buch über die Heilkräuter des Mittelalters zu schreiben, mit drei Plastiktüten die Stadt zu verlassen, seine Tagebücher zu verbrennen.

Die beiden Stapel werden verdeckt herumgereicht und jeder Schüler zieht jeweils eine Karte. Nun setzen wir die beiden Karten zueinander in Beziehung. Die Frage ist, warum tut die Person von Karte A, was auf Karte B steht. Also: Warum schreibt die Friseurin ein Buch über die Heilkräuter des Mittelalters? Warum verlässt der Arzt mit drei Plastiktüten die Stadt? Wichtig ist, dass das vorgegebene Ereignis die letzte Szene einer Geschichte darstellt. Also: Findet das Motiv für die sonderbare Handlung und denkt euch eine Geschichte dazu aus.

Anmerkung:
Auf einen bekannten Schluss hinzuschreiben, fällt oft leichter, als sich zu fragen, »Und was passiert dann?«. Außerdem fordert diese Übung

die Schüler auf, sich mit den jeweiligen Berufen und den Grundlagen der Charakterisierung auseinanderzusetzen.

Beispieltext:
Der LKW-Fahrer verbrennt seine Tagebücher
Die Sonnenblende unten, die Füße am Lenkrad. Das Hemd von gestern mit den Flecken auch noch an. Die Bildzeitung liegt oben neben den Füßen. Länger schon nicht rasiert. Der Blick ist irgendwo, jedenfalls nicht auf der Fahrbahn. 22 Stunden schon nicht geschlafen. Ich schau mir die Personen an, die links an mir vorbeifahren. Sie fahren vielleicht in den Urlaub, fahren zu Oma oder sonstwohin. Viele Kinder da in den Autos, viele, die ihre Zukunft noch vor sich haben, viele, die denken, sie wüssten, was die Zukunft bringt. Viele Kinder mit ihren Müttern seh ich in den Autos.

Ich kann es selbst kaum glauben, aber ich war auch mal ein Kind. Meine Zukunft lag vor mir. Ich hatte damals kaum Freunde, eigentlich niemanden, der mich wirklich kannte. In der Schule kam ich nicht zurecht, die Aufgaben waren langweilig. Ich hab immer meine eigenen unterm Tisch gemacht. Sicher ein paar Tagebücher voll. Mathematische Gleichungen, Formeln, Sätze. Die Schulaufgaben interessierten mich nicht, wer will wissen, was 7 mal 7 ist, wenn man wissen kann, wie schnell die Sonne fliegt, wenn der Schatten des Baumes sich jede Sekunde bewegt?

Ich drehe den Rückspiegel und sehe mich an. So sieht kein Genie aus. Und wer hört einem wirren LKW-Fahrer schon zu, egal wie viele Tagebücher mit Mathe-Krams er auch dabei hat. Ich bin ganz unten.

Ich fahre am nächsten Rastplatz ab, gehe ein paar Schritte an den Zaun, nehme die Tagebücher, werfe sie in eine Tonne, Benzin, Streichholz. Jetzt bin ich der, der ich nicht bin. Ein LKW-Fahrer.

(Max, 19 Jahre)

99 / Ab auf die Couch!

Aufgabe: Hommage an Sigmund Freud
Altersgruppe: ab 14 Jahre
Zeit: 30 – 45 Minuten

Als Sigmund Freud, der Begründer der Psychoanalyse, im Jahr 2006 theoretisch seinen 125. Geburtstag feierte, nahm das ein namhaftes Literaturmagazin zum Anlass, eine Fotoreportage über Sofas aus Therapeutenpraxen zu veröffentlichen, zusammen mit einem Bild der echten Freud'schen Couch. Da waren geblümte Sofas, Sofas mit Fellüberwürfen, mit bestickten Kissen und dicken Polstern. Andere kamen schnörkelloser daher, einfache Liegen, die nichts Anheimelndes mehr hatten, aus Leder oder Kunststoff. Bei aller Dramatik, die von solchen Analytiker-Sofas ausgeht, birgt die Situation auch immer etwas Lustiges. Wir stellen uns einen Manager im Nadelstreifenanzug vor, wie er ausgestreckt daliegt und dem Therapeuten, der für ihn unsichtbar auf einem Stuhl sitzt, sein Herz ausschüttet. Aber es gibt ja auch andere Sofas. Zum Beispiel »die rote Couch«, mit der der Fotograf Horst Wackerbarth durch die Lande reist und Leute bittet, darauf Platz zu nehmen. In seinem Bildband »Die rote Couch« sind Prominente und Unbekannte auf dem Sofa zu sehen, zusätzlich gibt es kurze Texte, in denen man etwas aus dem Leben der Abgebildeten erfährt. Was ist so Besonderes an einem Sofa, dass es die Leute zum Plaudern bringt? Welche Magie geht von diesem Möbelstück aus?

Schön ist, wenn der Schreiblehrer den Schülern Bilder von unterschiedlichen Sofas zeigen kann. Ansonsten geht es auch so: Stellt euch ein besonderes Sofa vor. Es kann das Sofa eines Therapeuten sein, das Sofa in einer Kneipe, das eurer Oma, eures Onkels, das bei euch zu Hause. Welche Gespräche werden dort geführt? Wer hat schon alles darin gesessen? Wenn die Couch erzählen könnte, was würde sie berichten? Schreibt einen kurzen Text, maximal 20 Minuten.

Beispieltext:
Die dunklen Flecken auf dem Sofa, die Unterhose über der Heizung und dann noch dieser Geruch! Trotzdem besuchte ich meine Großtante gerne. Ich mochte es, wenn sie vom Sofa aufsprang, ohne Ankündigung, wenn sie in die Küche lief und mit der Flasche Sekt zurückkam. Erstaunlich flink für eine Frau über achtzig. Mir gefielen ihre bissigen Kommentare, ihr Spott, ihre zynischen Kommentare, und nur einmal, als ich von Julia und ihrem türkischen Freund erzählte, kam es mir seltsam vor, wie genau sie zuhörte, wie genau sie sich erkundigte, und wie ernst sie sagte: »Zeige mir deine Freunde und ich sage dir, wer du bist.« …

(Leonie, 17 Jahre)

100 / Vom ewigen Leben

Aufgabe: Das Sterben wird abgeschafft
Altersgruppe: ab 14 Jahre
Zeit: 45 Minuten

Wer träumt nicht vom ewigen Leben? Und wenn es längst ein Mittel gegen das Sterben gäbe und die Regierungen beschließen würden, es an alle Bürger zu verteilen? Wie würde sich unser Leben verändern, wenn wir den Tod nicht mehr zu fürchten bräuchten?

Die Schüler werden aufgefordert, sich darüber Gedanken zu machen, was wäre, wenn das Sterben abgeschafft würde. Ab der Silvesternacht 2008 wird es keine Tote mehr geben, wir alle würden ewig leben. Vielleicht würden ausgefallene Hobbys wie das Bungeejumping mit zu langem Seil boomen? Vielleicht würde das Tempolimit in der Stadt abgeschafft, weil es ja keine Verkehrsopfer mehr gäbe? Wie sähe unser Alltag aus?

Anmerkung:
Alternativ könnte auch etwas anderes abgeschafft werden, was uns heute selbstverständlich ist, beispielsweise das Geld oder das Essen und Trinken.

Beispieltext:
Ich schlage das Geschichtsbuch auf, wir lernen heute die Zeit um 2008. Die Zeit, in der das Sterben abgeschafft wurde und sich alles veränderte. Das Buch nennt es die »alternde Revolution«. Was ich genau davon halten soll, weiß ich nicht. Ich bin erst 135 Jahre alt, gehöre damit zum neunten Kreis. Kurzum, ich lebe das Leben eines »mäßig Privilegierten« oder wie das Geschichtsbuch sagt: »Jugendlicher« oder »Kind«, so ganz genau kenne ich den Unterschied nicht.

Unser junger Lehrer, ein 317-jähriger aus dem siebten Kreis, weiß auch keine Antwort, als ich ihn frage. Ich lese die Texte von damals gern. Fast wie Rittergeschichten kommen sie mir vor, Abenteuer in der Großstadt, richtiges Licht, richtige Luft. Damals soll es sogar richtigen Schnee gegeben haben. Das System von damals verstehe ich allerdings nicht, irgendwelche Parteien, in denen Junge und Alte zusammen Politik machen, Junge und Alte, die gleichberechtigt wählen. Heute ist das einfacher. Da seit 2008 niemand mehr gestorben ist, sind die Menschen in Alterskreise unterteilt, so wie Baumringe, sagt mein Uropa immer, der noch Bäume gesehen hat. Er ist eigentlich mein Urururururuuropa, aber ich nenne ihn Uropa wie meine anderen Ururur...opas auch. Der erste Kreis ist der der Unterprivilegierten von 35 bis 100. Man genießt dort kaum Rechte, auch wenn es für einen Nichtprivilegierten etwas Großartiges ist, wenn er mit 35 zum Mensch geschlagen wird. Die weiteren Kreise bauen darauf auf und mit dem letzten Kreis beginnt der »Unerreichbare Kreis der Alten«, dies ist ein Kreis, den nie jemand erreichen wird, weil dort nur die Ältesten von 2008 sitzen. Hier liegt die ganze Macht unseres Staates, die auch nie verändert werden kann und wird.

Wenn ich nach der Schule dann Uropa besuche, höre ich ihm gern zu, wenn er von damals erzählt. Unvorstellbar, wie die Leute gelebt und überlebt haben, bei dem, was erlaubt war und was es gab. Uropa erzählt stolz, dass er damals manchmal noch Bier trank. Er hat sogar schon mal jemanden rauchen gesehen, aber selbst nie geraucht. Er hat versucht, mir zu erklären, was Tabak ist, aber ich kann mir Pflanzen und alles, was damit zu tun hat, so schlecht vorstellen. Wenn ich das sage, entdecke ich bei Uropa eine Traurigkeit in den Augen. Er sagt manchmal, das Leben hätte seinen Sinn und Wert verloren, aber ich kann das nicht verstehen, wir leben doch besser als damals. Allen geht es gut, keiner wird krank, keiner stirbt. Wie könnte es schöner sein zu leben?

(Max, 19 Jahre)

Dank

Ich möchte meinem Verleger Manfred Plinke danken, der meine anfänglich vage Idee sofort aufgegriffen und in konstruktive Bahnen gelenkt hat; Volker Pirsich von der Hammer Zentralbibliothek, der sich nun schon seit Jahren für meine Schreibwerkstatt mit den Jugendlichen engagiert; Gerd Herholz vom Literaturbüro Ruhr für die anregenden Gespräche über Kreatives Schreiben im Unterricht und für sein Buch *Die Musenkussmischmaschine*; Hermann Wallmann für die inspirierenden Seminare in Südlohn; Lucie Feldmann vom Marie-Curie-Gymnasium in Recklinghausen für ihre Wertschätzung; den Autoren, die sich lange vorher mit dem Thema beschäftigt haben und dazu wunderbar kluge Bücher geschrieben haben, vor allem Ted Hughes und Gianni Rodari; Gordon für seine Geduld; und nicht zuletzt den Schülern, die meine Schreibspiele ausprobiert und mir ihre Texte zur Verfügung gestellt haben, besonders André, Arturo, Dilek, Kilian, Leander, Lisa, Marvin, Max, Melisa, Nina, Sarah, Simone, Sofie, Stella, Teresa und Vanessa.

Schreibbeispiele nach Zeitaufwand:

Aufwärmübungen (15 – 20 min.):

Kürzerer Zeitaufwand (bis 30 Minuten):

Mittlerer Zeitaufwand (30 bis 45 Minuten):

Längerer Zeitaufwand (ab 45 Minuten):

Verlagsanzeigen

100 Schreibspiele für den Unterricht – von der Autorin in der Praxis erprobt

Jedes Schreibspiel wurde im Schulunterricht ausprobiert. Die Texte zu den Beispielen sind von Schülern der Klassen 2 bis 13 geschrieben worden. Sämtliche Gedichte entstanden spontan und werden ohne Überarbeitung wiedergegeben. Sie zeigen, wieviel Spaß das Schreiben macht, wenn man spielerisch die Türen zur Poesie öffnet.

Marion Gay
Türen zur Poesie
Gedichte schreiben
im Unterricht
mit 100 Schreibspielen
176 Seiten
ISBN 978-3-86671-149-5

Dieses Buch ist eine Fundgrube – voller Anregungen zum Kreativen Schreiben mit einer Fülle von Beispielen aus der Literatur und dem Alltag. Es wendet sich an alle, die Ideen und Themen zum Schreiben suchen, an Lehrer, Gruppenleiter und alle, die mit Kindern und Jugendlichen kreativ schreiben möchten.

Das Handbuch für junge Schreibtalente

Sylvia Englerts Wörterwerkstatt:
COOLE TEXTE schreiben und veröffentlichen
272 Seiten
Dritte aktualisierte und erweiterte Auflage
ISBN 978-3-86671-125-9

»Zum Thema und für diese Zielgruppe … ein konkurrenzloser Ratgeber.«

Informationsdienst für Bibliotheken

»Ein gut verständlicher, spannender, übersichtlicher und kompetenter Ratgeber.«
Buchhändler heute

Roy Peter Clark
Die 50 Werkzeuge für gutes Schreiben
Handbuch für Autoren, Journalisten, Texter
9. Auflage
Hardcover, 350 Seiten
ISBN 3-978-3-86671-031-3

Schreiben ist ein Handwerk, das man lernen kann, sagt Roy Peter Clark. Man braucht dazu Werkzeuge, nicht Regeln. Seine 50 Werkzeuge und die mehr als 200 Textbeispiele und Übungen helfen jedem Autor besser zu schreiben.

»Egal, was Sie schreiben, einen Blog, einen Liebesbrief, den nächsten großen Roman – hier gibt es praktische Ratschläge, die man mit Vergnügen liest.«
Times

»Von der Entwicklung einer Idee für ein Projekt bis zum fertigen Buch mit zahlreichen Beispielen, Anregungen und praktischen Tipps zum Handwerk des Schreibens, zum Redigieren des fertigen Textes sowie zum Umgang mit Verlagen inklusive Honorarfragen und Eigenwerbung.«

Infodienst für Bibliotheken

Sylvia Englert
Handbuch für Kinder- und Jugendbuch-Autoren.
Bilderbuch, Kinderbuch, Jugendroman, Sachbuch – schreiben, illustrieren und veröffentlichen

272 Seiten, Hardcover
Dritte Auflage
ISBN 978-3-86671-104-4

Sylvia Englert hat mehr als 70 Bücher in namhaften Verlagen veröffentlicht, darunter zahlreiche Kinder- und Jugendbücher vom Bilderbuch bis zum Jugendroman. Unter dem Pseudonym Siri Lindberg publiziert sie ihre beliebten Fantasybücher. Ihre Wandler-Romane haben bereits mehr als eine Million Auflage erreicht.

War dieses Buch nützlich und hilfreich für Sie?
Vielleicht möchten Sie eine Rezension darüber ins Internet stellen?
Autor und Verlag freuen sich darüber und danken Ihnen!